المدخل الفعال
إلى
المناهج وطرق
التدريس

تأليف

د.صبحية عبدِ الشافعي
كلية التربية - جامعة المجمعة

د.أماني عوض عبد اللـه عثمان
كلية التربية - جامعة المجمعة

الطبعة الثانية
مزيدة ومنقحة
٢٠١٢م - ١٤٣٣هـ

مكتبة الرشد
ناشـــــرون

الطبعة الثانية
١٤٣٣هـ ـ ٢٠١٢م

حقوق الطبع محفوظة

مكتبة الرشد - ناشرون
المملكة العربية السعودية - الرياض
الإدارة : مركز البستان - طريق الملك فهد -الدور الثاني
هاتف ٤٦٠٤٨١٨ص ٠ ب ١٧٥٢٢الرياض ١١٤٩٤ فاكس ٤٦٠٢٤٩٧
Email: info@rushd.com.sa
Website : www.rushd.com.sa

فروع مكتبةالرشد

الرياض :المركز الرئيسي : الدائري الغربي - بين مخرجي ٢٧ و٢٨ هاتف ٤٣٢٩٣٣٢
الرياض : فرع طريق عثمان بن عفان هاتف ٢٠٥١٥٠٠
الرياض : فرع الدائري الشرقي هاتف ٤٩٧١١٩٩ فاكس ٤٩٦١٥٩٩
فرع مكة المكرمة : شارع الطائف هاتف ٥٥٨٥٤٠١ فاكس ٥٥٨٣٥٠٦
فرع المدينة المنورة : شارع أبي ذر الغفاري هاتف ٨٣٤٠٦٠٠ فاكس ٨٣٨٣٤٢٧
فرع جدة : مقابل ميدان الطائرة هاتف ٦٧٧٦٣٣١ فاكس ٦٧٧٦٣٥
فرع القصيم : بريده - طريق المدينة هاتف ٣٢٤٢٢١٤ فاكس ٣٢٤١٣٥٨
فرع أبها : شارع الملك فيصل هاتف ٣٢١٧٣٠٧ فاكس ٢٢٤٢٤٠٢
فرع الدمام : شارع الخزان هاتف ٨١٥٠٥٥٦ فاكس ٨٤١٨٤٧٣
فرع حائل : هاتف ٥٣٢٢٢٤٦ فاكس ٥٦٦٢٢٤٦
فرع الإحساء : هاتف ٥٨١٣٠٢٨ فاكس ٥٨١٣١١٥
فرع تبوك : هاتف ٤٢٤١٦٤٠ فاكس ٤٢٣٨٩٢٧
فرع القاهرة: شارع ابراهيم ابو النجا -مدينة نصر : هاتف ٢٢٧٢٨٩١١- فاكس ٢٢٧١٣٦٢٥

مكاتبنا بالخارج

القاهرة : مدينة نصر : هاتف ٢٧٤٤٦٠٥- موبايل ٠١١٦٢٨٦١٧٠
بيروت : بئر حسن موبايل ٠٣٥٥٤٣٥٣ تلفاكس ٠٥/٤٦٢٨٩٥

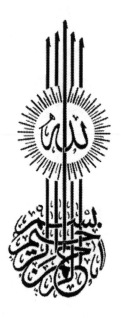

بسم الله الرحمن الرحيم

قال تعالى : (وَقُل رَّبِّ زِدْنِي عِلْمًا) طه: ١١٤

مقدمة

الحمد لله حمداً كثيراً، طيباً مباركاً فيه،حمدا يليق بجلاله وكماله، سبحانك لانحصى ثناء عليك، خلقت فأبدعت، وأعطيت فأفضت، فلا حصر لنعمك ولا حدود لفضلك، ونصلى ونسلم على اشرف أنبيائك وأكرم رسلك محمد بن عبد الـلـه وعلى اله وصحبه ومن والاه الى يوم الدين وبعد٠٠٠

يسعدنا تقديم هذا الكتاب كمدخل للمناهج وطرق التدريس، وقد حاولنا طرح مجموعة من الأفكار المرتبطة بطرق التدريس التي تحتاجين إليها عند دراستك لمادة طرق التدريس التي تهيئك وتعدك للقيام بدورك كمعلمة.

وقد جاء هذا الكتاب متضمناً تسعة فصول على النحو التالي:

تناول الفصل الأول مصطلحات أساسية فى المناهج وطرق التدريس متمثلة في(المنهج، محتوى المنهج، الكتاب المدرسي، المقرر الدراسي، الوحدة الدراسية، الدرس، المنهج المعلن، المنهج الخفي، التدريس، التعليم، التعلم، طريقة التدريس، أسلوب لتدريس، مدخل التدريس، إستراتيجية التدريس ونموذج التدريس).

ولأهمية مهنة التدريس للمعلم والمجتمع فقد تناول الفصل الثاني الاتجاه نحو مهنة التدريس وهل التدريس علم ام فن كما تناول أخلاقيات مهنة التدريس وأهميتها للمجتمع ومكانة المعلم والعلماء في الإسلام.

اما الفصل الثالث فقد تناول منظومة المنهج من حيث مفهومها ، مكوناتها أهمية المنهج كمنظومة، ثم توضيحاً للمنهج بوصفه جزء من نظام التربية الأكبر.

ونظراً لان منظومة التدريس تعد جزءاً من منظومة المنهج فقد تناولنا فى الفصل الرابع مفهوم التدريس بوصفه نظاماً ثم تطرقنا الى خصائص منظومة التدريس،مع توضيح موقع التدريس فى منظومتي التعليم والمنهج،واختتم الفصل بعرض لمكونات منظومة التدريس(معلم، متعلم، منهج.....).

وقد تناول الفصل الخامس مهارات التخطيط للتدريس، وتضمن مفهوم التخطيط للتدريس،ومبرراته، ثم أهميته مع توضيح أسس ومعايير التخطيط الناجح للتدريس، كما

تضمن الفصل كيفية إعداد خطة الدرس،مع شرح للأهداف التدريسية من حيث (مستوياتها، مصادرها،كيفية صياغتها).

وقد ركزنا فى الفصل السادس على مهارات التدريس التنفيذية. ابتداً من التهيئة للدرس، التفاعل اللفظى وغير اللفظى،إثارة الدافعية، كيفية توجيه الأسئلة واستقبالها،كما تم عرض لبعض أنماط إدارة حجرة الصف، وأختتم الفصل بعرض لبعض المواقف المحرجة التي قد تواجه الطالب/المعلم داخل حجرة الصف، وكيفية مواجهتها بنجاح.

أما الفصل السابع فقد ركزنا فيه على المرحلة الثالثة من مراحل عملية التدريس وهى مرحلة التقويم وقد تطرقنا فيه إلى مفهوم التقويم، أهميته، أساليبه، مجالاته،ومراحل تطبيقه خلال عملية التدريس، ثم أختتم الفصل بتوضيح للواجبات المنزلية وأهميتها، ثم شروط التقويم الجيد.

ولأهمية الدور الذي يقوم به المعلم لتنفيذ كل ما سبق فقد ركزنا في الفصل الثامن على شرح أهم ادوار المعلم الفعال وخصائصه وكفاياته التدريسية، ثم كيفية الإعداد السليم له،وفى نهاية الفصل تم عرض للنمو المهني للمعلم وكيفية تحقيقه.

ولأهمية التربية العملية، وتطبيق المهارات التدريسية التي سبق ذكرها في الواقع الميداني تضمن الفصل التاسع التربية العملية من حيث(مفهومها،أهميتها،أهدافها،مراحل تطبيقها،مهام الأطراف المشاركة في التربية العملية، ثم عرضاً لكيفية تقويم الطالب/المعلم فى برنامج التربية العملية وفى نهاية الفصل تم عرض لاستمارة التقييم التي يتم في ضوئها تقييم الطالب/ المعلم أثناء فترة التربية العملية.

اما الفصل العاشر والأخير فقد تناولنا فيه التدريس المصغر كأسلوب من أساليب التدريب على التدريس، من حيث (مفهومه،خصائصه،خطوات تنفيذه، ومزاياه).

والحمد أولا وأخيرا لله رب العالمين

المؤلفتان

الفصل الأول

مفاهيم أساسية في ميدان المناهج وطرق التدريس

الفصل الأول :مفاهيم أساسية في ميدان المناهج وطرق التدريس

- مفهوم المنهج
- مفهوم المنهج
- مفهوم الكتاب المدرسي
- مفهوم الوحدة الدراسية
- مفهوم الدرس
- مفهوم التدريس
- مفهوم التعليم
- مفهوم التعلم
- مفهوم طريقة التدريس
- مفهوم أسلوب التدريس
- مفهوم مدخل التدريس
- مفهوم إستراتيجية التدريس
- مفهوم نموذج التدريس

الأهداف : في نهاية هذا الفصل ينبغي أن يكون كل طالب قادراً على أن :

- يوضح المقصود بكل من مفهوم المنهج ، الكتاب المدرسي ، الوحدة الدراسية ، والدرس .
- يوضح العلاقة بين المنهج ، الكتاب المدرسي ، الوحدة الدراسية ، الدرس.
- يوضح الفرق بين محتوى المنهج والمقرر الدراسي.
- يوضح الفرق بين التدريس – التعليم – التعلم .
- يوضح الفرق بين طريقة التدريس ، أسلوب التدريس ، مدخل التدريس.
- نوضح الفرق بين إستراتيجية التدريس ونموذج التدريس.

الفصل الأول

مفاهيم أساسية في ميدان المناهج وطرق التدريس

تمهيد:

يعد تحديد المفاهيم والمصطلحات المستخدمة في ميدان المناهج وطرق التدريس بصورة إجرائية مطلبا مهماً ؛ وذلك لاتساع الرؤى حول التدريس والخلط الواضح بين التربويين في مدلولات تلك المفاهيم وبناء عليه فإن تحديدها يسهم في تأصيل الأفكار وتوحيد الاستخدام ، ووضوح الرؤية للتربويين ، والتعامل معها بصورة واعية قائمة على الفهم العميق والإدراك الواعي لدلالتها .

وفيما يلي توضيحاً لبعض المفاهيم والمصطلحات المستخدمة في ميدان المناهج وطرق التدريس مثل :

المنهج – الكتاب المدرسي ، الوحدة الدراسية – الدرس ، التدريس – التعليم –التعلم ، طريقة التدريس ، أسلوب التدريس ، مدخل التدريس – إستراتيجية التدريس ، نموذج التدريس .

المنهج (CURRICULUM)

عرف المنهج المدرسي بأنه :

مخطط تربوي يتضمن عناصر مكونة من أهداف ومحتوى وخبرات تعليمية وتدريس وتقويم ، تقوم على أسس فلسفية واجتماعية ونفسية ومعرفية مرتبطة بالمتعلم ومجتمعه ، ومطبقة في مواقف تعليمية داخل المدرسة وخارجها تحت

إشراف منها ، بقصد الإسهام في تحقيق النمو المتكامل لشخصية المتعلم بجوانبها العقلية والجسمية والوجدانية وتقويم محتوى ذلك كله لدى المتعلم .

كما عرف المنهج بأنه :

وثائق مكتوبة ، تضم خطة شاملة متكاملة لمجموعة متنوعة من خبرات التعليم والتعلم (المعرفية والمهارية والوجدانية) يتلقاها المتعلم في صف دراسي أو في مرحلة دراسية محددة داخل أو خارج جدران المؤسسات التعليمية النظامية ، وهو منظومة تضم عدة عناصر ومكونات مترابطة متفاعلة تحقق أهدافا تعليمية محددة وهذه العناصر هي (الأهداف ، المحتوى ، طرق التدريس ، الوسائل التعليمية ، الأنشطة المصاحبة ، التقويم) حيث يؤثر كل عنصر منها ويتأثر بباقي العناصر.

أيضا عرف المنهج بأنه :

مجموعة الخبرات والأنشطة التي تقدمها المدرسة لتلاميذها داخلها أو خارجها ، بقصد مساعدتهم على النمو الشامل المتكامل الذي يؤدي إلى تعديل سلوكهم ، ويضمن تفاعلهم مع بيئتهم ومجتمعهم ، ويجعلهم يبتكرون حلولاً مناسبة لما يواجههم من مشكلات .

أيضا عرف المنهج بأنه :

وثيقة تربوية مكتوبة ، تجسد مجمل المعارف والخبرات التي سيتعلمها التلاميذ بتخطيط المدرسة وتحت إشرافها ويتكون من أربعة عناصر : الأهداف التربوية ، والمعرفية الأكاديمية الدراسية ، وأنشطة التعلم ثم التقويم .

وفي ضوء التعريفات السابقة أمكن استخلاص تعرف المنهج كالتالي :

مجموعـة مـن الخبـرات والأنشطة التربوية المخطط لها بعنايـة والمرتكـزة علـى نتـائج نظريـات ودراسـات وبحوث تربويـة والتي تهيؤها المدرسة وتعطـي الفرصـة للتلاميـذ بالمـرور بها سواء داخلها أو خارجها كما أنه منظومة تضم عدة عناصر ومكونات مترابطة ومتفاعلـة تحقق أهدافاً تعليمية محددة وتتكون من ستة عناصر يؤثر كل عنصر منها ويتأثر بباقي العناصر والتي تنطلق من الأهداف ثم وسائل تحقيقها (محتوى ، طرق تـدريس ، وسائل تعليميـة ، أنشطة تعليمية ثم انتهاء بالتقويم لقياس مدى ما تحقـق مـن الأهداف ، وذلـك بقصد مساعدتهم على النمو الشامل والمتكامل الذي يـؤدي إلى إكسابهم سـلوكيات تـضمن تفاعلهم الإيجابي مع بيئتهم ومجتمعهم .

وفي ضوء ذلك فمن الخطأ النظر إلى المنهج علـى إنـه مجموعـة مقـررات أو موضوعـات تحتوي على المعرفة فقط والواجب إكسابها للطلاب .

محتوى المنهج (Content):

عرف بأنه :

مجموعـة مـن الأفكار والعناصر الأساسية أو المـدركات والمفاهيم الأساسية المـراد أن يتعلمها التلميذ في كل صف من صفوف المرحلة التعليمية ، وهو وسيلة تحقيق أهداف المنهج ، لذا كان من الضروري صياغته بطريقة واضحة تُمكن المعلـم مـن فهم المطلوب تدريسه بالضبط دون تخمين ، كذلك تحديد المستوى المراد الوصول إليه عند تـدريس كـل مفهوم أو مدرك .

كما يمكن تعريفه بأنه :

كل ما يضعه القائم بتخطيط المنهج مـن خبرات تفصيلية للموضوعات المقررة سـواء كانـت خـبرات معرفيـة أم نفسـحركية أم وجدانيـة بهـدف تحقيـق النمـو

الشامل والمتكامل للمتعلم .

أي أن المحتوى هو :

المضمون التفصيلي للمنهج وهو المكون الثاني من مكونات المنهج التعليمي الذي يأتي بعد المكون الأول (الأهداف) ويشمل كافة الخبرات والمعارف والمعلومات والمهارات والاتجاهات التي يسعى المنهج لإكسابها للمتعلم .

الكتاب المدرسي :

عرف بأنه :

مادة مطبوعة ، تحتوي على معلومات مصاغة في صورة بصرية لغوية وهي منظمة وفق طريقة من طرق تنظيم المحتوى ، وموزعه على أبواب وفصول ، وتقدم موضوعات متعددة يوجد بينها علاقات واتصال مدعومة ببعض الصور والرسوم والأنشطة والتدريبات بهدف إكساب الطلاب مجموعة من المعلومات في فترة زمنية محددة وهو يمثل جزء من المنهج وعلى ذلك فمن الخطأ الاعتقاد بأن الكتاب المدرسي مرادفاً للمنهج .

كما عرف بأنه :

وسيطا من وسائط التعليم وليس بالضرورة أن يكون الوسيط الوحيد أو الأفضل ، وهو يضم المحتوى الدراسي للمادة وما يصاحبها من وسائل تعليمية وأنشطة وأساليب تقويم مختلفة كما يتضمن مقدمة للمتعلم وفهرس يعرف المقرر بشكل موجز ، كما يتضمن قائمة مصطلحات ومفردات غير مألوفة للمتعلمين .

في ضوء التعريفات السابقة أمكن استخلاص تعريف الكتاب المدرسي بأنه :

وحدة بناء المنهج ويعتبر من المصادر الأساسية التي يكتسب الطالب من خلالها

المعارف والمهارات التي تمكنه من تحقيق أهداف المنهج ، لذا كان من الضروري أن تكون المادة العلمية إلتي يقدما الكتاب المدرسي مناسبة للمتعلم وتتحدى تفكيره ، وإن تقدم بصورة منظمة ومترابطة تساعد المتعلم على استيعابها وإدراك الترابط بين أجزائها .

المقرر الدراسي :

عرف بأنه :

ذلك الجزء من البرنامج الدراسي والذي يتضمن مجموعة من الموضوعات الدراسية ، يلتزم الطلاب بدراستها في فترة زمنية محددة قد تتراوح بين فصل دراسي واحد أو عام دراسي كامل وفق خطة محددة .

يتم اختيار تلك الموضوعات من بين المعارف المتضمنة في المصادر العلمية المتاحة في ضوء معايير محددة هي أهداف المنهج ليدرسها الطلاب في مادة دراسية معينة وفي صف دراسي معين .

الوحدة الدراسية

عرفت بأنها :

طريقة من طرق تنظيم محتوى المنهج المدرسي ولها عدة أنواع ، منها ما ينبي حول موضوعات معينة من المادة التدريسية وفيها يتبع التنظيم المنطقي للمادة ، فيتدرج المحتوى من البسيط إلى المعقد ومن المعروف إلى المجهول ويسمى هذا النوع بـ" وحدة المادة الدراسية " وبعضها يبنى حول مواقف تمثل حاجات وميول التلاميذ والمشكلات الفعلية التي تواجههم وتسمى " وحدة الموقف " أو " وحدة

الخبرة " وتنظم الدراسة فيها تنظيماً سيكولوجيا مـن الكـل إلى الأجـزاء المكونـة لـه ، أي أن التلميذ يعرف أولاً المشكلة أو الموقف المراد تعلم كيفية التصرف فيـه ثـم يعـرف ماهيـة المعلومات والمهارات والاتجاهات اللازمة لكي يحسن التصرف في هذا الموقف أي أن الوحدة التدريسية تعالج دائماً موضوعاً متكاملاً يتناوله المعلم مـن كافة جوانبه بـما في ذلك مـن معلومات نظرية وتطبيقات عملية ، ويصبح التعلم في هـذه الحالـة وظيفياً حيث يرتبط بحياة المتعلم ويدفعه للاستفادة مما تعلمه في المدرسة ويطبقه في حياته وهذا هـو التعلم الحقيقـي حيـث تتحـول المعلومـات إلى سلوك ، وقـد ثبتت فعاليـة التـدريس باستخدام الوحدات القائمة على الخبرة في عديد من المواد الدراسية وفي عديد من المراحل الدراسية .

كما عرفت بأنها :

تنظيم للنشاطات والخبرات وأنماط التعليم المختلفة حول هدف معين أو مشكلة معينـة ، تحدد بالتعاون مع مجموعة من المتعلمين ومعلميهم ، ويشتمل هذا التخطيط على كيفية تنفيذ هذه الخطط وتقويم النتائج .

أيضاً عرفت الوحدة الدراسية بأنها :

تنظيم خاص في مادة دراسية أو طريقة التدريس ، تضع المتعلمـين في موقف تعليمـي متكامل ، يثير اهتمامهم ، ويتطلب منهم نشاطاً متنوعاً ويؤدي إلى مرورهم بخبرات معينة ، وإلى تعلمهم تعلماً خاصاً ، ويترتب على ذلك كله بلوغ مجموعـة مـن الأهداف الأساسية المرغوب فيها .

الدرس :

عرف بأنه :

إطار تقليدي لما يقوم به المعلم من نشاط من أجل نقل المعارف إلى عقول التلاميذ ، ويتصف دور المعلم بالإيجابية ودور التلميذ بالسلبية في أغلب الأحوال، أي أنه ليس من المطلوب توجيه السؤال أو إبداء الرأي .

كما عرف بأنه :

موضوع واحد يمثل جزءاً من وحدة بنائية داخل الكتاب ، يتناول مفهوماً علمياً رئيسيا وبعض المفاهيم الفرعية المندرجة تحته ، التي تقدم من خلال مجموعة من المعلومات والخبرات وتنفذ فيه مجموعة من الأنشطة وتستخدم فيه بعض الوسائل التعليمية مع وجود تقويم قبلي وبعدي ومصاحب في حصة دراسية واحدة .

محتوى المنهج CONTENT	المقرر الدراسي
عرف بأنه : مجموعة الأفكار والعناصر الأساسية أو المدركات والمفاهيم الأساسية المراد أن يتعلمها التلميذ في كل صف من صفوف المرحلة التعليمية ، وهو وسيلة تحقيق أهداف المنهج ، لذا كان من الضروري صياغته بطريقة واضحة تُمكن المعلم من فهم المطلوب تدريسه بالضبط دون تخمين ، كذلك تحديد المستوى المراد الوصول إليه عند تدريس كل مفهوم أو مدرك كما يمكن تعريفه بأنه : كل ما يضعه القائم بتخطيط المنهج من خبرات	عرف بأنه : ذلك الجزء من البرنامج الدراسي والذي يتضمن مجموعة من الموضوعات الدراسية ، يلتزم الطلاب بدراستها في فترة زمنية محددة قد تتراوح بين فصل دراسي واحد أو عام دراسي كامل وفق خطة محددة . يتم اختيار تلك الموضوعات من

تفصيلية للموضوعات المقررة سواء كانت خبرات معرفية أم نفسحركية أم وجدانية بهدف تحقيق النمو الشامل والمتكامل للمتعلم . أي أن المحتوى هو : المضمون التفصيلي للمنهج وهو المكون الثاني من مكونات المنهج التعليمي الذي يأتي بعد المكون الأول (الأهداف) ويشمل كافة الخبرات والمعارف والمعلومات والمهارات والاتجاهات التي يسعى المنهج لإكسابها للمتعلم .	بين المعارف المتضمنة في المصادر العلمية المتاحة في ضوء معايير محددة هي أهداف المنهج ليدرسها الطلاب في مادة دراسية معينة وفي صف دراسي معين .

المنهج المعلن

عرف بأنه :

مجموعة من الخبرات المربية والأنشطة التربوية المخطط لها بعناية والمرتكزة على نظريات ودراسات وبحوث تربوية ، والتي تهيؤها المدرسة ، وتعطي الفرصة للتلاميذ بالمرور بها سواء داخلها أو خارجها .

كما أنه منظومة تضم عدة عناصر ومكونات مترابطة ومتفاعلة تحقق أهدافاً تعليمية محددة ، وتتكون من ستة عناصر يؤثر كل عنصر منهما ويتأثر بباقي العناصر والتي تنطلق من الأهداف ثم وسائل تحقيقها (محتوى ، طرق تدريس ، وسائل تعليمية ، أنشطة تعليمية ثم انتهاء بالتقويم ، لقياس مدى ما تحقق من الأهداف و ذلك بقصد مساعدتهم على النمو الشامل والمتكامل الذي يؤدي إلى إكسابهم سلوكيات تضمن تفاعلهم الإيجابي مع بيئتهم ومجتمعهم .

المنهج الخفي :

عرفه بأنه :

تلك المعارف والمهارات والاتجاهات والقيم وأنماط السلوك التي يكتسبها المتعلم داخل المدرسة ، دون قصد وغير مخطط لها ، نتيجة الاحتكاك المباشر بالأقران أو المعلمين أو طرق التدريس المستخدمة أو النظام المدرسي أو الفهم الذاتي للمعرفة .

شكل (١) رسم تخطيطي يوضح العلاقة بين المصطلحات

(المنهج – محتوى المنهج – الكتاب المدرسي –الوحدة – الدرس)

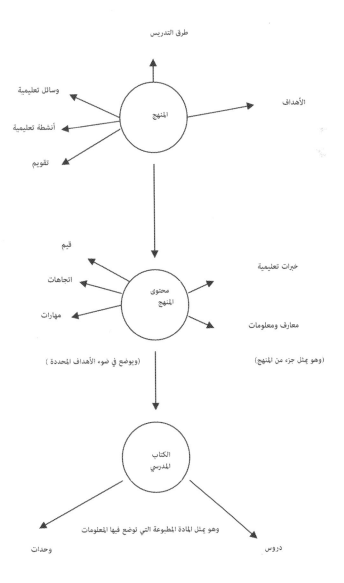

التدريس (Teaching)

عرف بأنه :

عملية تفاعلية متعمدة لتشكيل بيئة المتعلم بصورة تمكنه من تعلم ممارسة سلوك محدد ، أو الاشتراك في سلوك معين ، وذلك وفق شروط محددة أو كاستجابة لظروف محددة .

كما عرف بأنه :

الإجراءات التي يقوم بها المعلم لإنجاز مهام معينة لمساعدة تلاميذه على التقدم نحو أهداف محددة ، ويقصد بتلك الإجراءات كل ما من شأنه أن يؤدي إلى توفير خبرات تعليمية مثمرة تشمل المعارف والمهارات والاتجاهات .

التعليم (Instruction)

عرف بأنه :

تعبير شامل وعام ، يشترك فيه كل إنسان بطريقة أو بأخرى بهدف مقصود أو دون قصد واضح أو محدد .

التعلم (Learning)

عملية تحدث ذاتيا بفعل المتعلم نفسه وهو الهدف الأساس الذي يسعى التعليم إلى تحقيقه.

التدريس	التعليم	التعلم
عملية يقوم بها المعلم	١-عملية يشترك فيها كل إنسان بطريقة أو بأخرى . قد يتعلم الفرد من خطيب الجامع أصول الدين . قد يتعلم البنت من والدتها أصول الطهي.	عملية تحدث ذاتيا بفعل المتعلم نفسه وهو الهدف الأساسي الذي يسعى التعليم إلى تحقيقه.
٢-نوع متخصص من طرق التعليم (المخطط المقصود) يتم من خلال ثلاثة مراحل (التخطيط -التنفيذ- التقويم) - عملية مقصودة وموجهة ومخطط لها مسبقا بهدف إحداث التعلم المرغوب فيه داخل بيئة تعليمية يتم فيها . - تحديد السلوك المرغوب في تدريسه وإكسابه للمتعلم. - تحديد الشروط التي نرغب أن يتم في إطارها هذا السلوك . - تحديد درجة التحكم في بيئة التعلم. يخطط له بطريقة واعية ومدروسة تضمن استجابة التلميذ أكثر من رفضه بما يحقق الأهداف.	٢-عملية تتم بقصد أو بدون قصد وبتخطيط أو بدون تخطيط وبهدف مقصود ومحدد أو بدونه . قد نتعلم بعض المعارف والمهارات والاتجاهات والقيم دون قصد ودون تخطيط من وسائل الإعلان. قد يكون التعلم لأشياء صحيحة وأشياء غير صحيحة مثال" طفل يعلم آخر الكذب"	عملية تحدث ذاتيا بفعل المتعلم نفسه
. الهدف من التدريس هو حدوث التعلم المرغوب فيه وهو نشاط قابل للملاحظة والتحليل والتقويم والتطوير.	التعليم قد يأخذ الجانب الإيجابي أو السلبي وقد يحدث عنه تعلم وقد لا يحدث .	التعلم الناتج عن التدريس هو عملية نمو السلوك المرغوب فيه وتعديل السلوكيات غير المرغوب فيها وذلك عن طريق الخبرة التي يكتسبها الفرد وتنتج من تفاعله مع البيئة حيث يكتسب معارف ومهارات واتجاهات مرغوب فيها . أي أن التعلم الناتج عن التدريس هو هدف عملية التدريس ومقياس

طريقة التدريس (Teaching Method)

عرفت بأنها :

الخطوات والأداءات اللفظية وغير اللفظية والوجدانية والحركية المتتابعة التي يقوم بها المعلم داخل الصف والتي يقدم من خلالها المعارف والمهارات المتضمنة في الدرس مستخدماً وسائل وأنشطة تعليمية متنوعة ، وهي تبدأ من التمهيد وتنتهي بالتقويم وإعطاء التعيينات بقصد إحداث مجموعة من التغيرات السلوكية لدى المتعلمين في نهاية الدرس .

كما تعرف بأنها :

مجموعة من الخطوات والإجراءات والممارسات المقصودة التي يؤديها المعلم مع تلاميذه لتحقيق أهدافاً تعليمية معينة بأيسر السبل وأقل وقت ونفقات مثل طريقة المحاضرة ، والطرق المعملية وغيرها .

أيضا يمكن تعريفها بأنها :

مجموعة من إجراءات التدريس المختارة سلفا من قبل المعلم والتي يخطط لاستخدامها عند تنفيذ الدرس بما يحقق الأهداف التدريسية المرجوة بأقصى فاعلية ممكنة وفي ضوء الإمكانات المتاحة .

استنتاجاً مما سبق يمكن تعريف طريقة التدريس بأنها :

مجموعة من الإجراءات والممارسات والأنشطة المقصودة المختلفة التي يقوم بها المعلم أثناء الموقف التعليمي والتي تحدث بشكل منتظم ومتسلسل بقصد تحقيق الأهداف التدريسية المحددة وتتضمن عدداً من المهارات التدريسية مثل طريقة المحاضرة .

وهي تتطلب إتقان مهارات تقويم الدرس والشرح ، استخدام الوسائل ..إلخ

أسلوب التدريس (Teaching Style) :

يُعرف بأنه :

أنماط وفنيات خاصة يفضل المعلم اتباعها لنقل خبراته إلى المتعلم أثناء التدريس وتميزه عن غيره من المعلمين ، أي أن أسلوب التدريس يرتبط ارتباطاً وثيقاً بشخصية المعلم وخبراته وإبداعه وما يتمتع به من سمات شخصية وعقلية، فقد يستخدم معلمان نفس الطريقة في الشرح ولكن الأسلوب مختلف .

مدخل التدريس (Teaching Approach) :

يعرف بأنه :

الأسس والمبادئ والمتطلبات الفكرية التي تستند إليها طريقة أو أسلوب معين من أساليب التدريس سواء أكانت أكاديمية أو مهنية تربوية أو اجتماعية أو نفسية ، ويعني ذلك تعدد مداخل التدريس من أمثلتها: المدخل البيئي ، المدخل التكاملي وهكذا ..

إستراتيجية التدريس (Teaching Strategy) :

تعرف بأنها :

إجراءات التعليم والتعلم المخطط أن يتبعها المعلم داخل الصف الدراسي أو خارجه لتدريس محتوى موضوع دراسي معين لتحقيق أهدافاً محددة سلفاً ، وينطوي هذا الأسلوب على مجموعة من المراحل (الخطوات والإجراءات)

المتابعة والمتناسقة فيما بينها ، المنوط للمعلم والطلاب القيام بها في أثناء السير في تدريس ذلك المحتوى .

كما تعرف بأنها :

خطة عمل عامة ، توضع لتحقيق أهدافاً معينة ، ولتمنع تحقيق مخرجات غير مرغوب فيها ، وتصمم في صورة خطوات إجرائية ، يوضع لكل خطوة بدائل تسمح بالمرونة أثناء عملية تنفيذ الإستراتيجية ، وتتحول كل خطوة إلى تكنيكات أي إلى أساليب جزئية تفصيلية تتم في تتابع مقصود ومخطط في سبيل تحقيق الأهداف المحددة .

أي أن الإستراتيجية تعتبر مجموعة قرارات يتخذها المعلم وتنعكس تلك القرارات في أنماط من الأفعال يؤديها المعلم والتلاميذ في الموقف التعليمي وتعتبر الإستراتيجية أعم وأشمل من طريقة التدريس ، لأنها تضم أكثر من طريقة من طرق التدريس لتحقيق أهدافاً بعيدة المدى والتي تحتاج إلى وقت وتتابع وتكامل في الخبرات .

لذلك عرفت الإستراتيجية بأنها :

سياق من طرق التدريس الخاصة والعامة المتداخلة والمناسبة للموقف التدريسي المعين والتي يمكن من خلالها تحقيق أهداف ذلك الموقف بأقل الإمكانات وعلى أجود مستوى ممكن.

نموذج التدريس (Teaching Model)

عرف بأنه :

نسق تطبيقي لنظريات التعلم داخل غرفة الصف ، بمعنى أنه مخطط

إرشادي يعتمد على نظرية تعلم معينة ، ويقترح مجموعة من الإجراءات المحددة والمنظمة التي توجه عملية تنفيذ نشاط التعليم والتعلم بما ييسر العملية التعليمية ويحقق أهدافها وعلى المعلم الالتزام بإجراءات أي نموذج تدريسي يتبعه.

وفي ضوء ما سبق يتضح أن النموذج التدريس عبارة عن :

تصور عقلي وشكل تخطيطي لما يجب أن تسير عليه طريقة التدريس وفق نظرية تعلم معينة ، أي أنه يمثل حلقة وصل بين التصور الفكري النظري الذي تقوم عليه الطريقة والممارسة الفعلية لطريقة التدريس في الفصل مثل نموذج التعلم البنائي .

طريقة التدريس

إجراءات وممارسات وأنشطة مختلفة مقصودة يقوم بها المعلم أثناء الموقف التعليمي بقصد تحقيق الأهداف التدريسية المحددة سلفا.

أسلوب التدريس

الكيفية التي يتناول بها المعلم الطريقة (طريقة التدريس) أي الأنماط والفنيات التي يفضل اتباعها أثناء التدريس .

مدخل التدريس

منطلقات لكيفية الدخول لتدريس أي موضوع أو مجال معين .

شكل (٢) يوضح رسم تخطيطي يوضح العلاقة بين طريقة التدريس ، أسلوب التدريس ، مدخل التدريس

الفصل الثاني

المعلم ومهنة التدريس

الفصل الثاني
المعلم ومهنة التدريس

- الاتجاه نحو مهنة التدريس

- مكانة المعلم والعلماء في الاسلام

الأهداف:

في نهاية هذا الفصل ينبغي أن يكون كل طالب قادراً على أن:

- يوضح الاتجاه نحو مهنة التدريس

- يحدد التدريس علم ام فن

- يشرح أخلاقيات مهنة التدريس

- يذكر اهمية مهنة التدريس للمجتمع

- يوضح مكانة المعلم والعلماء في الاسلام

الفصل الثاني

المعلم ومهنة التدريس

تنطلق أخلاقيات مهنة التدريس من ضرورة وجود اتجاه ايجابي نحو المهنة في جميع جوانب العملية التعليمية.

فلقد أصبحت اتجاهات المدرس نحو مهنة التدريس من أكثر المواضيع إثارة للاهتمام ضمن مجال البحث في معطيات العمل التعليمي باعتبار أن ما يمارسه المدرس لا يرجع فقط إلى ما يعرفه بل إلى ما هو عليه وما يحمله من قناعات وتوجهات

إن اتجاه المعلم نحو مهنة التدريس يعد المحدد الأساسي لمدى تحمله للمهنة وضغوطها النفسية والجسمية وبالتالي مدى تحمله للاحتراق النفسي الذي يواجهه

ومما لاشك فيه أن نجاح المدرس في عمله التدريسي يتوقف على اتجاهاته الايجابية نحو مهنته، لان هذه الاتجاهات هي الركيزة الأساسية التي يبنى عليها النشاطات التربوية.

كما أن اتجاهات المعلم نحو مهنته التدريسية هي نتائج التنبؤ بنموذج الجو الاجتماعي الذي سيتبعه في حجرة الدراسة.

وترتبط اتجاهات المعلم نحو مادته بما يلي:

- إعداده الأكاديمي

- معتقداته نحو التدريس

- علاقته بالتلاميذ

- الممارسات الديمقراطية

- ممارساته التدريسية.....الخ

وقد أجريت العديد من الدراسات والبحوث على اتجاهات المعلم نحو مهنه التدريس وفيما يلي توضيح لذلك:

فقد أوضحت بعض الدراسات أن الاتجاهات التربوية الايجابية لدى الطالب المعلم أثناء فتره الإعداد الأكاديمي بكلية التربية تنخفض بعد تخرجه وممارستة للمهنة وذلك بسبب:

التباعد أو الفجوة بين ما يدرس نظريا وفكرتهم الايجابية عن ممارسة مهنه التدريس، وبين العوائق التي يجدونها في الواقع الملموس بعد ممارستهم للمهنة.

كما أن دراسات أخرى أوضحت أن اتجاه المدرس وسلوكه يحددان صورته أمام المتعلمين، هذه الصورة التي يحملها المتعلمين نحو مدرسيهم تؤثر على اتجاهاتهم وتطورهم فالمدرس يكون نموذجاً ايجابياً في ضوء اتجاهه نحو مادته التي يدرسها ونحو عمليه التعليم بوجه عام

وعلي ذلك فاتجاه المعلم الايجابي نحو مهنه التدريس يساعده على القيام بعمليه التدريس بصوره سليمة ومتقنه

اما الاتجاه السلبي نحو مهنه التدريس، وعدم الرضى عنها يمكن ان يؤدي الى:

- ارتفاع درجه العدوانية والإحساس بالإحباط مما يؤثر سلبا على ممارسته لمهام العملية التعليمية وبالتالي تكون النتائج سلبيه.

عدم الرضا عن الذات وطغيان التشاؤم -

الخلاصة:

ان جميع المهن تحتاج إلى ضرورة وجود اتجاه ايجابي للنجاح في مزاولتها وتعتبر مهنه التدريس من أكثر المهن التي تحتاج الى ضرورة توفير هذا الاتجاه الايجابي وذلك لطبيعتها وخصائصها فهي مهنه تركز على:

العلاقات التفاعلية القوية التي تستلزم الرضا والرغبة في العمل الجاد المستمر-البناء وهنا تقع المسؤليه الكبرى على كليات إعداد المعلم بضرورة الاهتمام بإعداد طلابها ومساعدتهم على تكوين اتجاهات ايجابيه نحو مهنه التدريس.

التدريس علم ام فن

يعتقد البعض ان التدريس (فن) وان هناك من يولد ولديه موهبه فطريه للتدريس وانه يكفيه ان يلم بموضوعات تخصصه ويتفوق في مهارته ليكون مدرساً ناجحاً

ولكن هناك من عارض هذا الرآي

وأكد على ضرورة إتقان المدرس لمجموعه من المهارات الأساسية لضمان نجاحه في عمليه التدريس

فهل التدريس علم أم فن ؟

أولا قبل الإجابة على هذا السؤال لابد من توضيح المقصود بالعلم والفن:

العلم مجموعة الحقائق والأفكار والنظريات التي تحققت وتم التأكد من صدقها وسلامتها من خلال الملاحظة أو التجريب ، وبذلك يمكن استخدامها في شتى جوانب الحياة العملية .

أما الفن فهو بمثابة المهارات والخبرات التي يتميز بها فرد دون آخر ، لأنها تتوقف على مدى حذاقة وتمكن الإنسان منها ، وفقاً لما حباه اللـه مـن إمكانات وقدرات ، ووفقاً لما لديه من استعداد لتطوير هذه الإمكانات والقدرات من خلال الممارسة..

كل من العلوم والفنون لهما جانبين ، أحدهما نظري والآخر تطبيقي فالعلم والفن وجهان لعملة واحدة

فالتدريس عمليه إنسانية أصيلة، تحدث آثرا معنياً فهي وسيله تفاهم بين طرفين، فلا بد ان يوجد:مرسل (يبعث الرسالة) و رسالة ومستقبل (يستقبل الرسالة)

وذلك يتم عن طريق وسيط معين بمعنى أننا لا يمكننا القول أن مدرساً قد قام بعمليه تدريس ناجحة، إذا لم يوجد من تعلم منه شيئا فنحن لا نستطيع أن نتحدث عـن التـدريس دون أن نتحدث عن التعلم

أي أننا لا يمكن أن نشهد ان المدرس قد قام بتقديم درس جيد إذا لم يحدث هذا الدرس أثره المنشود على التلاميذ اي إذا لم يتعلموا منه شيء)

وفي ضوء ما سبق يتضح ان التدريس علم وفن

فالتدريس علم: لان له أصوله وقواعده العلميةالتي تساعد على فهم التـدريس وتفسير مـا يحدث في بيئة التعلم، والتنبوء بما سيحدث فيها، تمهيدا للسيطرة عـلى مجريـات هـذه العملية وتوجيهها على نحو الأفضل.

فالتـدريس كعلـم يحتاج إلى أسـس وقواعـد علميـة وهـذه تـأتي عـن طريـق الكثير مـن الموضوعات ذات الصلة مثل علم النفس وعلم الاجتماع وغيرها.

كما يتضمن مجموعه من المهارات الأساسية اللازمة لممارسه مهنة التدريس حيث انه بعد إتقانها يأتي دور التدريس كفن

- وايضا التدريس فن: حيث أن بعض مظاهره ذات طابع فردي أو شخصي، تلعب فيه خبرة المعلم وقيمه وعاداته ومفهومه عن التدريس دوراً مركزياً . فهو يحتاج إلى الجوانب الوجدانية التي تميز الفنان المبدع ولذلك يختلف المعلمون في تعاملهم مع مواقف التعلم المتنوعة وبراعتهم في استغلال كل فرصة متاحة لجذب انتباه طلابهم ودفعهم للمشاركة في نشاطات التعلم بشغف واهتمام .

اخلاقيات مهنه التدريس

لماذا الاهتمام بموضوع أخلاقيات مهنه التدريس في المجال التربوي، وما مفهوم أخلاقيات المهنة وما أهميتها؟ وكيف يتحقق اتجاه المدرس نحو مهنته، وما هي نتائج هذا الاتجاه ايجابياً،و سلبياً نحو مهنه التدريس،

هذا ما سنوضحه فيما يلي:

أهميه دراسة موضوع أخلاقيات مهنه التدريس:

تتجلى أهميه دراسة موضوع أخلاقيات مهنه التدريس في:

- تعزيز الممارسات الأخلاقية التي ينبغي أن تنعكس بشكل أكثر ايجابية في منهجيه التدريس، وفي العلاقات التربوية بين مختلف مكونات الوسط المدرسي

- ان يكون لدى المدرس اتجاهات نحو المهنة تعمل على:

* تبصيره بالتزاماته الأخلاقية

الفرد والمجتمع* توعيته بأبعاد الرسالة التعليمية التي يتحملها تجاه

* تنظيم علاقاته الإدارية و الاجتماعية

* تدريبه على أساليب التعامل اللائقة مع مختلف مكونات المجتمع المحلي والوطن .

* تعرفه على قواعد الانضباط الأخلاقية والقدوة الحسنه والتحلي بالضمير المهني من اجل تحقيق الوعي بأهمية البعد القيمي الاخلاقى في المجال للتربية

وتنطلق أخلاقيات مهنه التدريس من ضرورة وجود اتجاه ايجابي نحو المهنة في جميع جوانب العملية التعليمية.

تعتبر الأخلاق بالمفهوم العام، الركيزة الأساسية في حياه الأمم، باعتبارها الموجه الرئيسي للسلوك الإنساني والاجتماعي والتربوي نحو التضامن، والتعايش، والاحترام المتبادل وما يترتب عليها من قيم ومبادئ تسهم في تنظيم المجتمع من اجل الاستقرار و تحقيق السلام ومهنه التدريس كغيرها من المهن لها أخلاقياتها النابعة من الدور الفاعل للمدرسة والمدرس في المجتمع، وعلاقتهم بالمتعلمين ، والتي ينبغي أن تساهم في تربيتهم على القيم الأخلاقية الإنسانية والحضارية وتكسبهم المهارات والمعارف والكفايات الضرورية للمساهمة في بناء شخصيتهم وفي ضوء ذلك يمكن تعريف أخلاقيات التدريس بأنها:

السجايا الحميدة، والسلوكيات الفاضلة التي ينبغي أن يتحلى بها العاملون في حقل التعليم فكراً وسلوكاً أمام الله ثم أمام ولاة الأمر وأمام أنفسهم والآخرين وتفرض عليهم واجبات أخلاقية.

و يمكن توضيح أخلاقيات مهنة التدريس في النقاط التالية:

١- التدريس مهنه ذات قداسه خاصة: تستمد أخلاقياتها من هدي شريعتنا الإسلامية ومبادئ حضارتنا، وتوجب على القائمين بها أداء حق الانتماء إليها

إخلاصا في العمل وصدقا مع النفس والناس وعطاء مستمر لنشر العلم وفضائله والقضاء على الجهل والمرض.

٢-المدرس صاحب رسالة: يستشعر عظمتها ويؤمن بأهميتها ويعمل على تحقيق أهدافها بمهنية عالية

٣-العلاقة بين المدرس والطلاب: يجب أن تتجلى في الرغبة في نفعهم، والشفقة والبر بهم على أساس المودة مع الحزم الضروري وذلك تحقيقاً للخير في الدنيا والآخرة لجيل مأمول للنهضة والتقدم

٤-المدرس قدوه لطلابه وللمجتمع عامه، وهو حريص على ان يكون أثره في الناس حميداً لذا فهو متمسك بالقيم الخلقية، والمثل العليا ويدعو إليها ويبثها بين طلابه والناس كافة، ويعمل على شيوعها واحترامها ما استطاع

٥-المدرس احرص الناس على نفع طلابه: يبذل قصار جهده في تعليمهم وتربيتهم وتوجيههم ويرشدهم بكل الطرق على الخير ويرغبهم فيه ويوضح لهم الشر ويبعدهم عنه و ان أعظم ما في الخير ما أمر الله ورسول به وأسوأ الشر هو ما نهى الله ورسوله عنه.

٦- المدرس يساوي بين طلابه: في عطائه ورقابته وتقويمه لأدائهم ويوضح لهم أن أسهل الطرق وإن بدا صعبا هو أصحها وأقومها ، وان الغش خيانة وجريمة لا يليقان بطالب العلم ولا بالمواطن الصالح

٧-المدرس ساع دائما الى ترسيخ مواطن الاتفاق والتعاون والتكامل بين طلابه وتعويدهم على العمل الجماعي والجهد المتناسق .

٨- المدرس رقيب نفسه: فالمدرس يدرك ان الرقيب الحقيقي على سلوكه بعد الله سبحانه وتعالي هو ضمير يقظ ونفس لوامة، وان الرقابة الخارجية مهما تنوعت أساليبها لا ترتقي إلى الرقابة الذاتية لذلك يسعى المدرس بكل وسيلة

متاحة الى بث هذه الروح في طلابه ومجتمعه ويكون مثلاً وقدوه لطلابه

٩- المدرس في مجال تخصصه يجب ان يكون: طالب علم، وباحث عن الحقيقة، ولا يدخر وسعاً في التزود بالمعرفة والإحاطة بتطويرها في حقل تخصصه، وتقوية الإمكانات المهنية، ويؤدي واجبه بروح العابد الخاشع الذي لا يرجو سوى مرضاة اللـه تعالي. وبإخلاص الموقن أن عين اللـه ترعاه وان قوله وفعله يكونا شهيدا له أو عليه.

١٠- المدرس في تعامله مع المدرسة والمجتمع: ينبغـي ان تكون الثقـة المتبادلـة، واحـترام التخصص والاخوه المهنية هي أساس العلاقات بين المـدرس وزملائـه وبـين المدرسين جميعا والإدارة المدرسي

المدرس وعلاقته بالوالدين: من حيث الاشتراك معهم بالتربية والتنشئة والتقويم والتعليم ينبغي أن يحرص المعلم على توطيد أواصر الثقة بين البيت والمدرسة أو إنـشائها إن لم تكن موجودة وهو يتشاور كلما اقتضى الأمر مع الوالدين حول كل أمر يهم مـستقبل الطـلاب أو يؤثر في مسيرتهم التعليمية

١٠- المدرس صاحب رأي وموقف في قضايا المجتمع:لذلك وجب عليه توسيع نطاق ثقافته والمتابعة الدائمة للمتغيرات الاقتصادية الاجتماعية والسياسية حتي يكون قادراً عـلى تكوين رأي ناجح مبني على العلم والمعرفة والخبرة الواسعة بقدر مكانته الاجتماعية.

مهنة التدريس وأهميتها للمجتمع

إن أسباب قيام الحضارات ونموها ، ومـا تبرزه مـن إنتـاج فكـري وحضاري عظيم ، تبرز الأهمية المتنامية لمهنة التدريس ووظيفتها لـصناعة التقدم الإنساني عـبر عـصور التـاريخ , فالأمم جميعاً لا تستغني عن التعليم والتدريس وذلك للاتي:

١- ضرورة من ضرورات المجتمع البشري وأداة لا بد منها

٢- لتمكين المجتمع من تربية أبنائه، وتنشئتهم إنسانياً

٣- ولتمكين المجتمع من الوصول إلى الرفاهية من خلال الخبرات التي تكتسبها المجتمعات بالتعليم

٤- تعتبر المهنة الأم وذلك لأنها تسبق جميع المهن الأخرى ولا غنى لها عنها، فهي الأساس الذي يمدها بالعناصر البشرية المؤهلة علمياً وفنياً واجتماعياً وأخلاقياً

كما إن دور المعلمين في المجتمعات التي يدرسون فيها عظيم وخطير:

١- فهم يخدمون البشرية جمعاء ، ويتركون بصماتهم على حياة المجتمعات التي يعملون فيها

٢- أن تأثيرهم على حياة الأفراد ومستقبلهم مستمر مع هؤلاء الأفراد لسنوات قد تمتد معهم ما أمتد بهم العمر .

٣- إنهم يتدخلون في تشكيل حياة كل فرد من خلال المدرسة ويشكلون شخصيات رجال المجتمع من سياسيين وعسكريين ومفكرين وعاملين في مجالات الحياة المختلفة رجالاً ونساءً على حد سواء

٤- يجب أن يكون له رأي وموقف من قضايا المجتمع ومشكلاته بأنواعها كافة وذلك يفرض عليه توسيع نقاط ثقافته، وتنويع مصادرها، والمتابعة الدائمة للمتغيرات الاقتصادية والاجتماعية والسياسية

٥-القيام بالأمر بالمعروف والنهي عن المنكر

مكانة المعلم والعلماء في الإسلام

أولا: مكانة العلماء في الإسلام:

قال الله تعالى(هَلْ يَسْتَوِي الَّذِينَ يَعْلَمُونَ وَالَّذِينَ لا يَعْلَمُونَ) (الزمر: من الآية٩)، ويقول سبحانه وتعالى (إِنَّمَا يَخْشَى الله مِنْ عِبَادِهِ الْعُلَمَاءُ) (فاطر: من الآية٢٨)
ويقول الله عز وجل (يَرْفَعِ الله الَّذِينَ آمَنُوا مِنْكُمْ وَالَّذِينَ أُوتُوا الْعِلْمَ دَرَجَاتٍ) (المجادلة :من الآية١١)

وروى البخاري ومسلم عن معاوية رضي الله عنه عن النبي صلى الله عليه وسلم أنه قال: " من يرد الله به خيرا يفقهه في الدين قال ابن المنير كما يذكر ابن حجر من لم يفقهه الله في الدين فلم يرد به خيرا.
وروى أبو الدرداء عن النبي صلى الله عليه وسلم أنه قال: فضل العالم على العابد كفضل القمر على سائر الكواكب ليلة البدر، العلماء هم ورثة الأنبياء، إن الأنبياء لم يورثوا دينارا ولا درهما، إنما ورثوا العلم، فمن أخذ به، فقد أخذ بحظ وافر

مما سبق تتبين لنا المكانة العظيمة، والدرجة العالية التي يتمتع بها علماء الأمـة، ومـن هنـا وجب أن يوفيهم الناس حقهم من التعظيم والتقدير، والإجلال.

وعلى المسلم أن يهتم بالعلماء وأن يحيطهم بنوع من الاهتمام وأيضا على العالم أن ينـشر العلم حتى يعم الخير والمنفعة لكل المسلمين.

إذن، فالنيل من العلماء وإيذاؤهم يعد إعراضا أو تقصيرا في تعظيم شعيرة من شعائر اللـه والدليل على ذلك:

عن أبي هريرة رضي اللـه عنه قال :قال رسول اللـه صلى اللـه عليه وسلم قال اللـه عـز وجل في الحديث القدسي(من عادى لي وليا فقد آذنته بالحرب)

ثانيا:مكانة المعلم في الإسلام:

احتل المعلم مكانة مرموقة في الفكر التربوي الإسلامي وذلك لـشرف الرسالة التـي يحملهـا وهي الرسالة التي قام بها النبي (ص) خير قيام كما انه قد حظي بنصيب وافر من الاحـترام والتقدير والإشادة به وبمهنته.

ولقد رفعت الشريعة الإسلامية من شأن المعلمين وجعلتهم ورثة الأنبياء وربطت شهادتهم بشهادة اللـه سبحانه وتعالى، وخصتهم بخشيته عز وجل

وهنالك مواصفات دينية وخلقية ومهنية واكاديمية ينبغـي أن يتـسم بهـا المعلم ، وتميـزه وتمكنه من أداء رسالته بنجاح ، والتى سوف نورد الحديث عنها في الفصل الثامن

الفصل الثالث

منظومة المنهج

الفصل الثالث

منظومة المنهج

*أهمية دراسة علم المناهج

*مفهوم النظام وخصائصه

*مفهوم منظومة المنهج

*مكونات منظومة المنهج

*أهمية المنهج كمنظومة

*المنهج بوصفه جزءاً من نظام التربية الأكبر

الأهداف:

في نهاية هذا الفصل ينبغي أن يكون كل طالب قادراً على أن:

— يذكر أهمية دراسة علم المناهج

— يحدد مفهوم المنهج كمنظومة

— يشرح مكونات منظومة المنهج

— يرسم مخططاً لمنظومة المنهج

— يوضح العلاقة بين منظومة المنهج ومنظومة التربية

الفصل الثالث

منظومة المنهج

تمهيد:

تناولنا في الفصل الاول بعض المفاهيم والمصطلحات الأساسية في ميدان المناهج وطرق التدريس،وقد اتضحت أهمية مصطلح المنهج ومدى ارتباطه بالعديد من المصطلحات والمفاهيم الأخرى، حيث يعد الوسيلة الأساسية التي تستخدمها التربية لأداء وظيفتها، أو رسالتها نحو الفرد من حيث إعداده، وبناء شخصيته من جميع النواحي، حتى يكون قادراً على حل مشكلاته، ومشكلات مجتمعه. لذا سنحاول في هذا الفصل أن نتناول المنهج المدرسي من عدة زوايا، بدايةً ببيان أهمية علم المناهج،ثم نتطرق إلى مفهوم النظام ، ومن ثم التوصل إلى مفهوم المنهج بوصفه منظومة متكاملة ومستقلة بذاتها، وجزءاً من منظومة التعليم الكبرى في الوقت نفسه.

وفي ضوء تلك الرؤية المنظومية للمنهج سنعرض مكونات منظومة المنهج، ثم علاقة منظومة المنهج بمنظومة التربية. وفيما يلي توضيحاً لذلك:

أهمية دراسة علم المناهج:

المنهج في مجال التربية يشير إلى الطريقة التي يجب أن تتبع لبلوغ الأهداف التربوية التي تتطلع المدرسة إلى تحقيقها.

ولما كانت المدرسة تتطلع إلى تحقيق أهداف تربوية بعيدة المدى تُعرف بالأهداف الإستراتيجية فقد بات من الضروري لتحقيقها اتباع خطة محكمة

يمثل المنهج جانباً مهماً منها، وللتدليل على أهمية المنهج المدرسي بالإضافة إلى ما ذكر تكفى الإشارة إلى أن تخطيط منهج ما يعنى تحديد نوع الثقافة وبيان مدى عمقها وأتساعها، وهذا ليس بالأمر اليسير أو السهل، لان المجتمعات البشرية في تطور مستمر وتغير دائم، مما يستدعى أن يكون المنهج مرناً يساير التطور والتغير، ويتماشى مع متطلبات الحياة.

مما سبق تتضح أهمية المناهج الدراسية في تحقيق الأهداف التربوية، هذا ما جعل الدول المتقدمة تولى اهتماماً كبيراً بعمليات تصميم المنهج وتنفيذه وتقويمه وتطويره بما يتناسب مع الدور الذي يقوم به في تطور المجتمعات وتقدمها، من هنا تبرز أهمية دراسة المناهج المدرسية للقائمين على أمر التعليم بصفة عامة والمعلم بصفة خاصة حيث انه يعد أكثر الناس التصاقاً بالمنهج وممارسةً له والتي يمكن أن نلخصها في النقاط التالية:

١- تمكن دراسة المناهج المعلم من معرفة أهداف المادة الدراسية التي يقوم بتدريسها مما يجعله يؤدى دوره التدريسي بكفاءة واقتدار.

٢- تكسب دراسة المناهج المعلم القدرة على صياغة الأهداف التعليمية صياغة إجرائية واضحة ومحددة يمكن ملاحظتها وضبطها وقياسها.

٣- تساعد المعلم على معرفة المعايير والأسس التي يتم في ضوئها اختيار المحتوى وتنظيمه، وترتيب خبراته بما يتماشى مع خصائص التلاميذ في المراحل الدراسية المختلفة.

٤- تساعد المعلم على اختيار طرق التدريس ووسائل التعليم، وأنشطته، وأساليب تقويمه المتنوعة.

٥- تزود المعلم برؤية واضحة للعوامل والمتغيرات المختلفة التي تؤثر في تصميم المنهج وبنائه وتنفيذه وتقويمه وتطويره، الأمر الذي يجعله يمارس عمله

التربوي بنجاح وكفاءة عالية،استناداً إلى رؤيته المستوعبة، وخبرته الواسعة لما يحدث في هذا المضمار.

٦- يساعد المعلم على التكيف مع المواقف الطارئة فالموقف التعليمي مشكلاته كثيرة ومتغيراته عديدة.

ولكي نتوصل إلى مفهوم المنهج بوصفه منظومة متكاملة لابد من التطرق إلى توضيح المقصود بالنظام.

مفهوم النظام:

إن مصطلح نظام(system) من المصطلحات الحديثة في التربية ، وقد استعارت التربية هذا المصطلح من العلوم البيولوجية التي تهتم بدراسة النظم أو الأجهزة التي يتكون منها جسم الكائن الحي، ويطلق على كل منها اسم جهاز أو نظام فهناك النظام الهضمي والنظام الدوري والنظام التنفسي وغيرها من الأجهزة والنظم داخل جسم الإنسان وغيره من الكائنات الحية. والأساس في مصطلح النظام إنه يتكون من مجموعة من الأجزاء أو المكونات التي ترتبط فيما بينها ارتباطاً عضوياً وثيقاً،بحيث يؤثر كل منها في غيره ويتأثر به. وتكون بين هذه المكونات علاقات وثيقة تمكن الجهاز أو النظام من أداء وظيفته على أكمل وجه ممكن.

وفي دراستنا لكل نظام ينبغي أن نركز على ثلاثة أمور أساسية أولها: مكونات هذا النظام وثانيها:الصلات الوطيدة التي تربط بين هذه المكونات وثالثهما: العوامل الخارجية التي تؤثر في هذا النظام وتربطه بغيره من النظم الأخرى في إطار نظام أكثر إتساعاً وشمولاً.

مما سبق يمكن تعريف النظام على انه بناء أو هيكل لمجموعة منظمة من العناصر والمكونات التي تتفاعل فيما بينها لتحقيق هدف محدد أو لأداء مهام ووظائف محددة حيث يعرض النظام بوضوح العلاقات الداخلية بين الأجزاء والمكونات المختلفة من جهة، والعلاقات بينها وبين النظام ككل من جهة أخرى.

خصائص النظام:

بعد أن تعرفنا على مفهوم النظام يمكن اشتقاق خصائص النظام كالتالي:

١- النظام مجموعة من العناصر والمكونات له حدود تميزه عن البيئة المحيطة به ، ولا يؤخذ النظام إلا ضمن هذه الحدود التي تحتوى عناصر النظام والعلاقات التفاعلية بينها، مع الأخذ في الاعتبار أن النظام له بيئته التي تحيط به وتكون خارج حدوده وتشتمل كل ما يؤثر فيه ويتأثر به.

٢- للنظام أهداف ووظائف ، فهو مسئول عن إنتاج مخرجات محددة.

٣- النظام يعمل على تحويل المدخلات إلى مخرجات.

٤- كل نظام يتكون من مجموعة من الأنظمة الفرعية الأصغر منه، والتفاعلات التي تحدث بين عناصر النظام تتجه نحو تحقيق هدف أو مجموعة من الأهداف.

٥- هنالك نوعين من الأنظمة، أنظمة مغلقة وهى تنفصل تماما عن البيئة المحيطة كما أن هنالك أنظمة مفتوحة وهى التي يوجد بها العديد من التداخلات مع البيئة المحيطة بها، مثل أجهزة الإنسان(الجهاز الدوري، الجهاز

العصبي،وغيرها) تتأثر بالأنظمة المحيطة بها،حيث يكون النظام في حركة ديناميكية مع النظم الأخرى المحيطة به يتأثر بها ويؤثر فيها.

مفهوم منظومة المنهج:

تطبيق فكرة النظام في ميدان المناهج تجعلنا ننظر إلى المنهج على انه بجميع مكوناته نظام متكامل، وبمقتضى ذلك فان جميع تلك المكونات ترتبط ببعضها البعض، فهي تعمل ككل متكامل، بحيث لا تنفصل الأهداف في المنهج عن المحتوى أو طرق التدريس أو الوسائل أو الأنشطة التعليمية أو أساليب التقويم أو المباني و المرافق والمعدات.

وقد عرف بأنه مجموعة من المدخلات المادية والبشرية التي تتفاعل معاً في صورة مواقف وخبرات وأنشطة وفق أصول وقواعد محددة لتحقيق مجموعة من التغيرات السلوكية المختلفة لدى المتعلمين داخل المدرسة وخارجها مع خضوعها للتقويم والتطوير بصورة مستمرة للوصول بها إلى أفضل أداء ممكن.

كما عرف على انه نظاماً تقنياً قائم على التفاعل المركب بين مكوناته من خلال سلسلة منظمة من العمليات تؤدى إلى تحقيق نتائج التعلم المقصود.

أيضا عرف بأنه نسق أو خطة، تتضمن مجموعة من العناصر المترابطة تبادليا، والمتكاملة وظيفياً، والتي تسير وفق خطوات متسلسلة، لتحقيق أهداف المنهج.

في ضوء ما سبق يمكن تعريف منظومة المنهج (Curriculum System)

بأنها البناء الذي يحوى عدة عناصر ومكونات (الأهداف -المحتوى -طرق التدريس - الوسائل التعليمية - الأنشطة المصاحبة - أساليب التقويم) مترابطة

ومتفاعلة ، لتحقق أهداف المنهج حيث يؤثر كل عنصر منها ويتأثر بباقي العناصر، وتنطلق منظومة المنهج من الأهداف .

مكونات منظومة المنهج:

تتكون منظومة المنهج من أربعة عناصر أساسية هي:

١-المدخلات (Inputs):

تشمل كل العناصر والمصادر الداخلة في النظام والتي تتفاعل فيما بينها لتحقيق أهداف محددة.

ويقصد بمدخلات المنهج بوصفه نظاماً جميع مصادر تصميمه أو مكوناته والتي منها الأهداف وهى تشتق من حاجات المتعلم والمجتمع ويجب أن تكون ممثلة لهذه الحاجات وعاكسة لقيم هذا المجتمع وعاداته، كما تتضمن الخبرات التعليمية التي يجب أن يمر بها المتعلمون والتي يجب أن تسهم في تحقيق الأهداف، لذلك لابد من معرفة ما لدى المتعلم من خبرات سابقة قبل مروره بخبرات المنهج، ولكي تكتمل حلقة المدخلات ويتم توفير أفضل الظروف لتحقيق الأهداف فلا بد من تحديد طرق التدريس المناسبة والأنشطة المصاحبة، والوسائل التعليمية الفعالة وتوفير الكتب المدرسية والمواد التعليمية الأخرى، وفوق ذلك كله توفير المعلم الكفء الفعال، والإدارة المدرسية القادرة على تنظيم بيئة مدرسية جاذبة ومناسبة لتعليم فعال، بالإضافة إلى التوجيه التربوي القادر على تقديم خدمة مناسبة تسهم في رفع كفاءة العملية التعليمية.

مما سبق يتضح أن المدخلات في المنهج كمنظومة هي الإمكانات المادية والبشرية اللازمة لتنفيذ المنهج وتحقيق أهدافه.

ولبلوغ المخرجات المتوقعة أو المرجوة لابد أن تكون المدخلات ذات مواصفات تناسب هذه المخرجات ولابد أن تتفاعل مع بعضها لبلوغ هذه المخرجات، لذلك فإن النظرة للمنهج كنظام تسمح بإعادة النظر وعلى نحو مستمر في نوعية المدخلات في ضوء ما هو مطلوب من مخرجات.

٢-العمليات **Processes** :

تشمل جميع التفاعلات والأنشطة التي تهدف إلى تحويل المدخلات إلى مخرجات تتناسب وأهداف منظومة المنهج، وهذه التفاعلات تتمثل في خطوات إنتاج أو بناء المنهج ابتداء من تخطيطه ومروراً بتنفيذه، وانتهاءً بتقويمه وتطويره ومتابعته، وفى هذه العمليات تتم مراعاة كل ما يلزم مراعاته من أجل إنتاج منهج فعال. وبعد اكتمال تصميم أو بناء المنهج،بالصورة المطلوبة، وقبل تنفيذه، فإنه يخضع لمراجعة دقيقة ومتأنية، كما يتم تجريبه للتأكد من مدى قدرته على أحداث التغيرات المطلوبة في سلوك المتعلمين.

٣-المخرجات **Outputs**:

تشمل الانجازات والنتائج النهائية التي يحققها النظام. وتستخدم مخرجات النظام عادة للحكم على فاعلية أو كفاءة أو إنتاجية نظام ما. فإذا كانت تلك المخرجات تتطابق إلى حد بعيد مع ما هو متوقع من النظام أن يقوم به،أي مع أهداف النظام المحددة سلفا، عندها يمكن أن نشهد للنظام بالفاعلية أو الكفاءة. أما إذا كانت درجة التطابق محدودة أو معدومة حينئذ نعتبر النظام غير فعال في تحقيق اهدافه٠

والمخرجات في منظومة المنهج يقصد بها الإنجازات والنتائج النهائية التي تم التوصل إليها بعد التفاعلات التي تتم بين المدخلات ، متمثلة في أهداف منظومة المنهج التي تحققت،والمخرجات هي الناتج الفعلي لعمليات منظومة المنهج، حيث تتحدد تلك المخرجات على ضوء أهداف منظومة المنهج ووظائفها، كما تتوقف جودة هذه المخرجات على نوعية المدخلات، ومستوى دقة العمليات. وتتركز مخرجات منظومة المنهج وغيرها من النظم التعليمية عموماً في المخرجات البشرية متمثلة في الأفراد خريجي تلك النظم.

٤-التغذية الراجعة **Feed Back:**

تهدف االتغذية الراجعة إلى تحديد مدى ملائمة المخرجات التي تم الحصول عليها لكل من المدخلات والعمليات،وتشمل البيانات والمعلومات المتعلقة بعناصر منظومة المنهج، والتي يتم من خلالها، تعديل وتطوير منظومة المنهج ، ويتم الحصول على هذه المعلومات والبيانات من خلال وصف مخرجات منظومة المنهج، وتحليلها في ضوء معايير خاصة مرتبطة بأهداف المنظومة. وبعبارة أخرى فإن التغذية الراجعة هي التي تعطى مؤشرات على مدى تحقق أهداف منظومة المنهج ،كما يتم من خلالها تحديد الايجابيات والسلبيات، في أي عنصر من عناصر منظومة المنهج ، تمهيداً لاتخاذ قرارات مناسبة للتغلب على السلبيات وتعديلها، وتدعيم الايجابيات.وتشمل التغذية الراجعة ما يلي:

أ- تقويم المدخلات:

يهدف هذا النوع من التقويم إلى جمع المعلومات عن جميع المدخلات، البشرية والمادية وتحليلها لانتقاء أفضل هذه المدخلات وتحسين نوعيتها.

ب -تقويم العمليات:

يهدف إلى مراقبة عمليات المنظومة وتحديد مدى تفاعل وترابط تلك العمليات وتحدي الصعوبات التي قد تواجه سير عمليات المدخلات وتفاعلها.

ج- تقويم المخرجات:

يهدف هذا النوع من التقويم إلى تحديد التغيرات التي حدثت في مخرجات المنظومة الفعلية،وذلك من خلال نموذج مخرجات معياري مشتق من أهداف المنظومة، تقوم في ضوئه مخرجات النظام الفعلية،كما يحدد هذا النموذج إلى أي مدى تحققت الأهداف. وبأي مستوى ومدى التغيرات المرغوبة التي أحدثتها المنظومة في سلوك المتعلمين.

وبتطبيق تعريف النظام على المنهج،نجد أن المنهج يجب أن يكون بمثابة وحدة واحدة أو كل متكامل أو منظومة متكاملة متفاعلة حيث تحدد مدخلاتها نقطة البدء فيها وتحقق المخرجات ما نريده من المدخلات وذلك من خلال تحويل المدخلات إلى واقع تمارس فيه عمليات معينة ويحكم التقويم على مدى فاعلية عناصرها. والشكل التالي يوضح المكونات الأساسية لمنظومة المنهج:

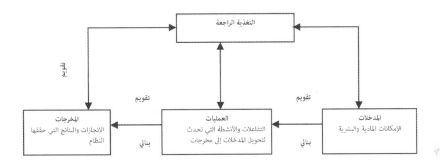

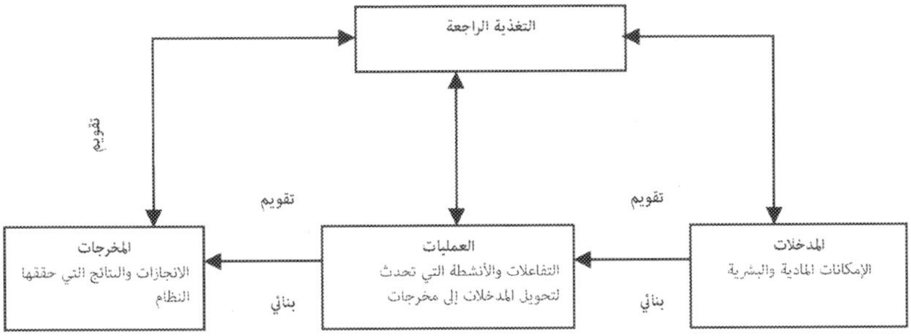

شكل رقم(٣) يوضح المكونات الأساسية لمنظومة المنهج

وبشكل أكثر تفصيلا فإن المنهج يتكون من مجموعة من العناصر أو المكونات التي تتفاعل وتتكامل مع بعضها البعض،والتي يمكن أن نوجز الحديث عنها في النقاط التالية:

١- أهداف المنهج :

تحديد الأهداف يمثل نقطة الانطلاق لكل عمل ناجح كما يعتبر أساسا للتخطيط السليم . ولما كانت التربية عملية علمية واجتماعية ترتبط بحياة الناس وتقدم المجتمعات ويلزم لها التخطيط السليم والذي يتطلب بدوره تحديد الأهداف لخططها المرتبطة بها وصياغتها بدقة مما يساعد القائمين عليها في كافة مراحلها وعلى جميع مستوياتها على تدبير الإمكانات اللازمة لها ، لذلك أكد جميع المهتمين بأمر التربية والتعليم على ضرورة الاهتمام بالأهداف وتحديدها كمنطلقات وموجهات للعمل في المجالات التربوية.

وتعرف الأهداف التربويةEducational Goal بأنها غايات ومقاصد ونتائج مرغوبة لأي مؤسسة أو برنامج تربوي يرجى تحقيقها، أما الأهداف التعليمية Instructional Objectives فهي التغيرات الايجابية المرغوب إحداثها في سلوك المتعلمين نتيجة مرورهم بخبرات تعليمية محددة تتولاها مؤسسات التعليم في اي دولة وهي مقاصد مؤسسات التعليم أو برامج التعليم أو مناهج التعليم في أي بلد.

وتمثل أهداف المنهج الخطوة الأولى في بنائه ، حيث يتم في ضوئها انتقاء الخبرات التعليمية المناسبة،واختيار الأنشطة والوسائل التعليمية،وكذلك أساليب التدريس المتنوعة، كما يتم تحديد أساليب التقويم المناسبة للتأكد من مدى تحقق أهداف المنهج

وتصنف الأهداف إلى ثلاثة مجالات . هي الأهداف العقلية المعرفية ، الأهداف النفسحركية والأهداف الوجدانية.

٢ - محتوى المنهج :

هو أول مكونات المنهج التي تتأثر بالأهداف ويقصد به نوعية المعارف التي يقع عليها الاختيار والتي يتم تنظيمها على نحو معين.

وهو الأفكار والعناصر الأساسية، أو المدركات والمفاهيم الرئيسية المراد أن يتعلمها التلميذ في كل صف من صفوف المرحلة التعليمية .

ومن المهم أن يصمم محتوى المنهج في صورة مفاهيم ومدركات أساسية وفرعية لكل صف دراسي، ومع كل مفهوم ما يفسره من تعميمات.ويوضح هذا الأسلوب في تخطيط محتوى المنهج، مدى النمو في

المدركات من صف إلى الصف الذي يليه ، وذلك منعاً للتكرار ، وضماناً للتكامل والتتابع والنمو في محتوى المنهج.

فالمحتوى هو المحور الذي تدور حوله عناصر المنهج تحقيقاً لأهدافه.

٣ - طرق التدريس :

تمثل طريقة التدريس الجانب التنفيذي لأي مقرر دراسي.وهى الوسيلة التي يتم بها ترجمة الأهداف التي تم تحديدها إلى واقع ملموس، وذلك من خلال مجموعة من الإجراءات، من ضمنها تنظيم وترتيب بيئة المتعلم، ومجاله الخارجي بطريقة تجعله يستجيب للمثيرات.

وتعرف طريقة التدريس بأنها مجموع الأنشطة والإجراءات التي يقوم بها المعلم والتي تظهر آثارها على منتج التعلم الذي يحققه المتعلمون .

إلا أن هذا التعريف يضع إجراءات ونشاطات طريقة التدريس على المعلم ، ويعكس صورة سلبية للمتعلم ، ومع التطور الذي حدث ويحدث في مجال التدريس وتنفيذه وطرائقه فإنه يمكن أن تعرف طريقة التدريس بأنها الإجراءات والخطوات التي يقوم بها كل من المعلم والمتعلم أو يقوم بها المتعلم وحدة بتوجيه وإرشاد من معلمه في موقف أعد له مسبقاً في إطار خطة يضعها المعلم مجهزاً بها بيئة التعلم بالمتطلبات الأساسية اللازمة لحدوث التعلم وتحقيق الغرض من التدريس .

أي أن مفهوم الطريقة يأخذ في اعتباره الأسلوب الذي يتبعه المعلم في إعداد مادته وتنظيم درسه ، وأيضاً الفنيات التي يسلكها في التدريس ، كما يدخل في اعتباره مصادر التعلم بكل أشكالها ولذلك لا يمكن القول أن هناك طريقة مثلى ، ولا أن طريقة واحدة تلائم كل مواقف التعلم ، فاختلاف

الأهـداف والمـادة والمتعلمـين والمعلمـين يحتـاج إلى إسـتراتيجية وتكنيـك في الطريقـة ، فالإستراتيجية تتضمن اختيار المادة الملائمة والتنظيم العام لها ، أما التكنيك فيأخذ في اعتباره موقف التعلم ذاته وأسلوب العمل الذي يحقق بنجاح الأهداف العامة والخاصة ، وأيضاً يأخذ في اعتباره مصادر التعلم المناسبة لتحقيق هذه الأهداف .

مما سبق يمكن القول بأن طريقة التدريس عبارة عن مجموعة مـن الأنظمـة والترتيبـات والقواعد التي تستند إلى العقل ، والتـوازن ، التـي تهدف إلى تقديم المعلومـات والمهـارات وجوانب التعلم المختلفة لعديد من استراتيجيات التدريس ، مراعية في ذلك طبيعة المتعلم ، والمادة الدراسية وموضوع الدرس وأهدافه ، وبيئة التعليم السائدة في المدرسة .

٤ – الوسائل التعليمية :

وهي مكون مهم أيضاً مـن مكونات المنهج المدرسي الحديث التـي لابـد مـن توافرها حتى يتمكن المعلم من أداء دوره المطلوب منه على أكمل وجه . وترتبط الوسائل التعليمية ارتباطاً وثيقاً بثلاثة عناصر أساسية هي : المعلم الذي يستخدمها ، والمتعلم الذي تعود عليـه بالفائدة منها ، والموقف التعليمي الـذي تثريـه وتزيـد مـن فاعليتـه ، وعليه فـأن الوسيلة التعليمية الجيدة ليست معينة أو إيضاحية فحسب ، بـل هـي مكون مهـم مـن مكونـات المنهج المدرسي ، ومحور للنشاط التعليمي ، وعنصر أساسي من عنـاصر العمليـة التعليميـة ، ولأهمية الوسائل التعليمية يحرص واضعو المناهج والمعلمون عـلى تنويعها وإتباع قواعد استخدامها حتى يضمنون فعاليتها في التدريس وأثرها الإيجابي في تحقيق الأهداف المنشودة للمنهج المدرسي .

٥- الأنشطة التعليمية :

يمثل النشاط التعليمي حصيلة متكاملة ومتداخلة من المتغيرات التي تشكل الموقف التعليمي الذي يتعلم من خلاله التلاميذ . وهذا يعني أن النشاط هو الوسيلة التي تتحقق عن طريقها الأهداف التدريسية .لذا فمن المهم أن يختار المعلم أنواع الأنشطة التي تناسب الأهداف المحددة للدرس ، وتناسب المحتوى الذي يخطط لتدريسه ، وتناسب ميول التلاميذ وتراعي الفروق الفردية بينهم .

وفي هذا السياق من الضروري أن ينوع المعلم في الأنشطة التعليمية التي يختارها ، سواء في الدرس الواحد ، أو من درس إلى آخر ، فهذا يؤدي إلى تفاعل أفضل وتعلم مثمر كما أن التنوع يمنع الرتابة والملل عند التلاميذ ، وعند المعلم نفسه. و للنشاط المدرسي أهمية كبيرة في جميع المراحل التعليمية حيث يقوم بإشباع ميول التلاميذ ورغباتهم ، كما يعمل على تنمية المهارات الأساسية للتعلم من خلال اكتساب الخبرات المربية وتنمية الميول والاتجاهات والقيم عند التلاميذ وتكوين المهارات سواء كانت يدوية أو ذهنية، كما يعمل النشاط المدرسي على تقوية العلاقات بين التلاميذ، كما انه من الوسائل المهمة لجذب التلاميذ إلى المدرسة.

٦ - التقويم :

يعتبر التقويم المكون الأخير من مكونات المنهج.وهو عبارة عن أسلوب علمي يتم من خلاله تشخيص دقيق للظاهرة ، من أجل التوصل إلى أحكام توظف بدورها لاتخاذ قرارات لتدعيم مواطن القوة ، وعلاج مواطن الضعف وتعديل مسارها في الاتجاه الصحيح.

ويعرف بأنه عملية تتضمن الحكم والتقدير والتفسير للعملية التربوية بأكملها.

كما يعرف على إنه العملية التي يتم من خلالها التحقق من صحة أبعاد قرار معين،أو انتقاء بيانات صالحة، وتجميع وتحليل البيانات من أجل إعطاء الحكم على القرارات، وانتقاء الأصلح منها دون غيرها.

ويعرف كذلك على أنه العملية الأساسية التي يمكن بواسطتها ومن خلالها التعرف على مدى نجاحنا في تحقيق الأهداف التعليمية وعلى الكشف عن مواطن الضعف ومواطن القوة في العملية التعليمية بقصد تحسينها وتطويرها بما يحقق الأهداف المتوخاة .

كما يعرف التقويم بأنه عملية منظمة لجمع وتحليل المعلومات، وانه ينطوي على أحكام قيمية، ويتطلب التحديد المسبق للأهداف التربوية، ويحقق غرضاً أساسياً، وهو يقدم معلومات مهمة ومفيدة لصانعي القرارات التربوية.

وتعد عملية التقويم من العمليات الأساسية التي يحتويها أي منهج دراسي وهي تجرى على نحو متواز مع بعض العمليات التخطيطية وبعض العمليات التنفيذية ، هذا إلى جانب أنها تجرى أيضا على نحو متعاقب مع بعض العمليات في كلا الجانبين التخطيطي والتنفيذي ، وإذا ما نظرنا إلى أي عنصر من عناصر المنهج السابقة سنلاحظ أنها تخضع دائماً لعمليات تقويمية سواء على المستوى التخطيطي أو على المستوى التنفيذي . فالتقويم ليس عملية ختامية تأتي في نهاية تنفيذ المنهج ، ولكنها عملية مستمرة تصاحب تخطيطه ، وتنفيذه ومتابعته ، والتقويم ليس غاية لإصدار الحكم والانتهاء عند ذلك بل هو وسيلة تحدد مدى ما حقق من الأهداف والمقترحات لتصحيح مسار العملية التعليمية.

والشكل التالي يوضح موقع التقويم في منظومة المنهج :

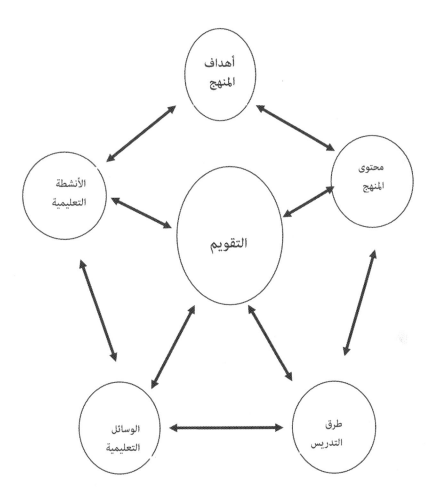

شكل رقم (٤) يوضح موقع التقويم في منظومة المنهج

من الشكل السابق يتضح أن التقويم يمثل أحد أهم عناصر منظومة المنهج ، فهو يرتبط بعلاقة تأثير مع باقي عناصر المنهج ، ومن خلاله يتم الحكم على جودة تلك العناصر أو قصورها وبذلك نلحظ أن التقويم يحتل موقعاً مهماً في منظومة المنهج.

أهمية المنهج كمنظومة:

الرؤية المنظومية للمنهج تعتبر ذات أهمية كبرى في عمليتي التعليم والتعلم، ويمكن أن نوجزها في الأتي:

١- تعتبر منظومة المنهج نظاما متكاملاً له مدخلات وعمليات ومخرجات تتفاعل فيما بينها من جهة وتتفاعل مع باقي عناصر ومكونات منظومة التعليم من جهة أخرى للعمل على تحقيق أهداف النظام التعليمي لأي مجتمع.

٢- تعتبر كياناً كلياً مركبا من عدة عناصر ومكونات مترابطة ومتداخلة ومتفاعلة هي : الأهداف،والمحتوى،وطرق التدريس، والوسائل التعليمية،والأنشطة المصاحبة، والتقويم

٣- مرآة تعكس فلسفة النظام التعليمي بأي مجتمع، كما تعكس قدرة هذا النظام على ترجمة متطلبات المجتمع واحتياجاته في تعليم أبنائه على النحو المطلوب.

٤- مؤشر للحكم على جودة النظام التعليمي، ومستوى الكفاية الداخلية والخارجية لهذا النظام، فجودة منظومة المنهج وكفايتها في أي مجتمع تدل على جودة النظام التعليمي وكفايته في هذا المجتمع.

٥- مؤشر للحكم على مدى مواكبة نظام التعليم بأي مجتمع للتوجهات العالمية الحديثة، ومدى مسايرته لمستحدثات العلم والتكنولوجيا.

٦- مؤشر للحكم على مدى التزام نظام التعليم لأي مجتمع بالعادات والتقاليد والقيم الموجودة في هذا المجتمع، كما يعد مؤشراً صادقاً للحكم على مدى تأثر نظام التعليم بمجتمع ما بنظم التعليم المعمول بها في مجتمعات أخرى.

٧- أداة مقننة تتيح لمنظومة التعليم القيام بدورها في توجيه وتطوير عمليتي التعليم والتعلم الوجهة المرغوبة.

٨- تعتبر مكوناً أساسياً من مكونات منظومة التعليم المدرسي .

المنهج بوصفه جزءا من نظام التربية الأكبر:

كل نظام يشتق من نظام اكبر منه يسمى أحيانا بالنظام الأم (Subra System) وهذا النظام الأم يتكون من نظم فرعية(Sub System) مشتقة منه، وتتميز هذه النظم الفرعية بأنها تشتمل على نفس مكونات النظام الأم الذي يتكون من مدخلات وعمليات ومخرجات وتغذية راجعة.

والمنهج كنظام يدخل كعنصر أساسي في نظام أكبر هو التربية و التعليم على مستوى الدولة والمجتمع. والتربية جزء من نظام اكبر هو المجتمع.

وبذلك يعد المنهج منظومة فرعية من منظومة التعليم التي تعد هي الأخرى منظومة فرعية من منظومة التربية والتي تعد بدورها جزءاً من منظومة المجتمع الكبرى.

وهذا يعني أن منظومة المنهج لابد أن تتفاعل مع كل من منظومتي التعليم والمجتمع من أجل تحقيق أهدافه التي تمثل في حقيقتها أهداف لمنظومتي التعليم والمجتمع كما يوضحها الشكل التالي:

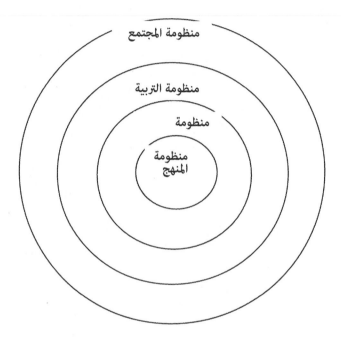

منظومة المجتمع

منظومة التربية

منظومة

منظومة المنهج

شكل رقم(٥) يوضح علاقة منظومة المنهج بمنظومات (التربية ، التعليم، المجتمع)

كما أن المنهج يشتمل على بعض النظم الفرعية كالأهداف و المحتوى وطرق التدريس وأساليب التقويم و التجهيزات والوسائل التعليمية، وهذه النظم

الفرعية ترتبط فيما بينها بعلاقات تبادلية تجعلها مترابطة إلا انها تختلف عـن بعـضها البعض من حيث الوظيفة التي يؤديها كل نظام، وبالرغم مـن هـذا التبـاين في الوظـائف، علينا أن ندرس النظام ككل.

الفصل الرابع

منظومة التدريس

الفصل الرابع

منظومة التدريس

- مفهوم التدريس بوصفه نظاماً.

- خصائص منظومة التدريس .

- موقع التدريس في منظومة التعليم .

- موقع التدريس في منظومة المنهج.

- مكونات منظومة التدريس (معلم / متعلم / منهج).

الأهداف :

في نهاية هذا الفصل ينبغي أن يكون كل طالب قادراً على أن :

- يشرح مفهوم التدريس بوصفه نظاماً .

  يستنتج خصائص منظومة التدريس .

- يحدد موقع التدريس في كل من منظومتي التعليم والمنهج .

- يوضح مكونات منظومة التدريس .

الفصل الرابع

منظومة التدريس (Teaching System)

تناولنا في الفصل السابق مفهوم المنظومة ومن ثم توصلنا إلى مفهوم المنهج بوصفه منظومة متكاملة ومستقلة بذاتها وجزءاً من منظومة التعليم الكبرى في الوقت نفسه .

ولما كان التدريس يعتبر أداة لتنفيذ المنهج في ضوء المدخل المنظومي ، لذلك سنتناول في هذا الفصل ...

توضيحاً لمفهوم التدريس بوصفه منظومة ثم خصائص منظومة التدريس ، أيضاً موقع التدريس في كل من منظومتي التعليم والمنهج ثم عرضاً لعناصر ومكونات منظومة التدريس (معلم / متعلم / منهج.......).

مفهوم التدريس بوصفه نظاماً :

تعرفنا في الفصل السابق أن المنظومة عبارة عن مجموعة من المكونات المترابطة التي تعمل معاً في تكامل وتآزر بغية تحقيق أهدافاً معينة ، وهي تقع ضمن حدود خاصة تحيطها ، وتتجسد طبيعة عملها في نموذج النظم الأساسي الذي يتكون من المدخلات والعمليات والمخرجات والتغذية الراجعة .

وفي ضوء هذا التعريف استخلصنا مجموعة من سمات المنظومة فهي ذات أهداف محددة ، ولها مكونات مترابطة ومتكاملة ومتفاعلة ، تعمل في إطار بيئة محددة وفق نموذج النظم ذي المكونات الأربع (مدخلات – عمليات – مخرجات – تغذية راجعة).

وبتطبيق تلك السمات على عملية التدريس أمكن التوصل إلى أن التدريس منظومة لكونه :

أ- كلاً مركباً من عدد من العناصر من أبرزها المعلم ، والمادة الدراسية ، وغيرها من عناصر التدريس .

ب- يسعى إلى تحقيق أهدافاً محددة .

ج- ذو خصائص معينة تكوّن حدوداً افتراضية تفصله نسبيا عن غيره من الأنظمة الأخرى في المدرسة مثل منظومة الإدارة التعليمية ، ومنظومة التوجيه والإرشاد الطلابي .

د- محاط ببيئة تقع خارج حدوده ، وهي تؤثر وتتأثر به وهي البيئة الصفية .

هـ- يمكن تمثيل عمله في صورة نموذج النظم الأساس فللتدريس مدخلاته ، عملياته ، ومخرجاته ، هذا فضلاً عن التغذية الراجعة التي تعمل على تعديل منظومة التدريس وتحسينها .

وعادة ما يهدف التدريس إلى تحقيق مخرجات تعليمية محددة يمكن مشاهدتها بصورة فورية لدى التلاميذ بعد انتهاء التفاعل بين أحداث الموقف التدريسي وعناصره ، وهذه المخرجات البسيطة المحددة ليست هي الغرض النهائي لعملية التدريس وذلك لأن التدريس عمل يتم في إطار العملية التعليمية والتي تهدف إلى تحقيق أهدافاً كبرى تعكس آمال المجتمع وطموحاته في تنشئة أفراده ، لذا كان من الضروري أن يكون كل معلم على علم ودراية بها حتى يمكنه العمل في ضوئها ، والاهتداء بها في رسم خططه التدريسية طويلة المدى ، وفي تحقيق الترابط بين أهداف المواقف التدريسية طويلة المدى ، وأهداف المواقف التدريسية المختلفة بشكل يسمح بنسج شبكة من

العلاقات بين تلك الأهداف ومن ثم يسمح بربطها بأهداف تعليمية بعيدة المدى مما يساعد على تحقيق مخرجات تعليمية تعكس تلك الأهداف .

خصائص منظومة التدريس :

قبل أن نستعرض خصائص منظومة التدريس لابد في البداية من توضيح المقصود بكل من التدريس ومنظومة التدريس حتى يمكننا استخلاص أهم سمات منظومة التدريس ومن ثم خصائصها .

فالتدريس عبارة عن :

نشاط هادف ، مخطط له بعناية ، يتم على مراحل من أجل مساعدة المتعلم على التعلم ، كما أنه نشاط يمكن تحليله إلى أداءات أو مهمات عديدة ، قابلة للملاحظة بهدف الحكم على مدى إتقان المعلم لها .

أما منظومة التدريس :

فهي الإطار الكلي الذي يجمع عناصر عملية التدريس (معلم -متعلم - منهج - بيئة التدريس - تقويم ..... إلخ) ويوضح طبيعة العلاقة التداخلية التفاعلية التكاملية بين هذه العناصر ، وتأثر كل منها على البناء الكلي لعملية التدريس .

ومن التعاريف السابقة نستخلص سمات منظومة التدريس وهي :

● أن لها أهدافا محددة تسعى إلى تحقيقها من خلال مكوناتها المتعددة المتمثلة في المعلم والمتعلم والمنهج وغيرها .

- تعمل أو ينبغي أن تعمل في تكامل وتآزر وانسجام في محيط بيئة تربوية معلومة يمثلها الفصل الدراسي .

- أن لها مدخلات وعمليات ومخرجات .

● يمكن أن تكون هذه المنظومة فرعية أو أساسية .

أ-   فتكون منظومة التدريس أساسية : عندما نتحدث عن المعلم أو المتعلم أو خطة الدرس وتنفيذه أو عن كيفية إعداد الامتحانات ورصد نتائجها وهي هنا تشتمل على مجموعة من المكونات الفرعية التي تعمل في تكامل وتفاعل .

ب- وتكون منظومة التدريس فرعية :

عندما نتحدث عن جميع هذه المكونات على اعتبار أنها فرع من منظومة التعليم ، الذي يعتبر فرع من منظومة المجتمع .

وهكذا تتوالى المنظومات إلى أن تعمل المنظومة الكونية الكبرى .

في ضوء ما سبق يمكن استخلاص خصائص منظومة التدريس كالتالي :

خصائص منظومة التدريس:

منظومة التدريس تنطبق عليها جميع خصائص النظام التي تم ذكرها في الفصل السابق بالإضافة إلى عدد من الخصائص الأخرى أهمها :

١ -عملية مقصودة: حيث يتم نقل الخبرات من المعلم إلى المتعلم وفق قواعد ومواصفات محدودة .

٢- هادفة: إنها تنطلق من مجموعة من الأهداف توجه مسارها من أجل تحقيقها..

٣ – منظمة : أي أن عملية التدريس تسير وفق إجراءات ومراحل منظمة تبدأ من التخطيط ثم التنفيذ وتنتهي بتقويم التدريس.

٤ – إيجابية : تسعى لتحقيق نتائج مرغوبة لدى المتعلم لتنمية جوانب تعلمه المختلفة (عقلية معرفية ، نفسحركية ، وجدانية)

٥ – دينامية: إن منظومة التدريس تتكون من عناصر متغيرة فالمعلم والمتعلم وخبرات التعليم والتعلم في تغير وتطور مستمر ، لذا فالتدريس يجب أن يواكب جميع التغيرات .

٦ – تفاعلية: أي إنها تتطلب أقصى درجات التفاعل بين جميع عناصرها ، مما يحقق أقصى فائدة ممكنه .

٧ – اتصالية : أي تتطلب اتصال فعال بين جميع عناصرها.فالتدريس في أصله عملية اتصال تعليمي بين طرفين مرسل ومستقبل حول رسالة تعليمية لذلك لابد من حوار فعال بين طرفي الاتصال (المرسل ، المستقبل) .

٨ – مرنه :لابد أن تتصف إجراءات التدريس بالمرونة حتى تتناسب مع أهداف عملية التدريس.

٩ – متوازنة : أي تتصف بالتوازن بين جميع مكوناتها (مدخلات ، عمليات ، مخرجات) وبين جوانب نمو المتعلم المختلفة .

١٠ – متنوعة الطرق : هنالك طرق ومداخل وأساليب تدريس متنوعة وعلى المعلم أن ينتقي منها ما يتفق وطبيعة الموقف التدريسي ، وما يتواكب في التدريس وأسلوبه في التدريس كما يمكن له أن ينوع بينها حتى يزيد من تشويق المتعلم وايجابيته .

١١- متعددة المصادر: أي لا تعتمد على مصدر واحد للتعلم والتعليم بل تعتمد على مصادر متعددة منها ما هو بشري وما هو مادي.

١٢- دائمة التقويم : من خلال التغذية الراجعة (والتي تعتبر عنصراً أساسياً مـن عنـاصر منظومة التدريس) يمكن إصدار الحكم على مدى جودة جميع عناصر المنظومـة ومـن ثـم تحديد نقاط الضعف والقصور والعمل على علاجها . ويمكن إجمال هذه الخصائص في المخطط التالي:

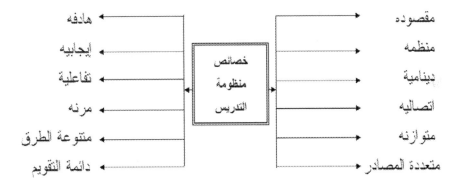

مقصوده ← خصائص → هادفه
منظمه ← منظومة → إيجابيه
دينامية ← التدريس → تفاعلية
اتصاليه ← → مرنه
متوازنه ← → متنوعة الطرق
متعددة المصادر ← → دائمة التقويم

شكل رقم (٦) يوضح أهم خصائص التدريس كمنظومة

موقع التدريس في منظومة التعليم :

قبل أن نحدد موقع التدريس في منظومـة التعليم ينبغـي أولاً أن نتعـرف بإيجاز عـلى منظومة التعليم ومكوناتها

أولاً:منظومة التعليم :

التعليم instruction عملية مقصودة لترتيب وتنظيم وإدارة الأحداث التعليمية التـي تشتمل عليها بيئة التعليم بصورة منهجية نظامية حتى يحـدث التغيير المرغوب في سلوك المتعلم.

ويعرف التعليم كمنظومة على انه مجموعة من المكونات والعناصر التي تتفاعل فيما بينها بصورة مستمرة وتبدو مجتمعة في تألف وانسجام ، وتعمل من أجل تحقيق أهداف تعليمية محددة . ويتكون أي نظام تعليمي من خمسة عناصر أساسية هي المدخلات والعمليات والمخرجات والتغذية الراجعة وبيئة النظام التعليمي ويمكن تلخيصها في النقاط التالية :

١ – مدخلات منظومة التعليم :

تشمل جميع العناصر الداخلة في نظام التعليم سواء كانت بشرية أو مادية أو معنوية (كأهداف النظام التعليمي وبيئة النظام التعليمي و المتعلم والمعلم والمنهج بجميع عناصره وكذلك الأفراد المعاونين والفنيين في العملية التعليمية .

٢ – عمليات منظومة التعليم :

تشمل جميع الأساليب والتفاعلات والأنشطة التي تهدف إلى تحويل مدخلات التعليم بصورتها الأولى إلى مخرجات و خلال هذه المرحلة يتم القيام بالواجبات والإجراءات التي يتحقق من خلالها وصول النظام إلى أهدافه فعلاً ، ويتوقف نجاح النظام التعليمي على كفاءة عملياته وقدرة هذه العمليات على الاستفادة من المدخلات بالقدر المناسب ومن ثم إخراج النتائج والمخرجات المرغوبة لهذا النظام وتدخل طرق التدريس وأساليبه واستراتيجيات التعليم والتعلم والإدارة التعليمية والمدرسية وعمليات التقويم في نطاق عمليات النظام التعليمي .

٣ – مخرجات منظومة التعليم :

وتشمل النتائج التي يحققها النظام التعليمي متمثلة في الأهداف التي تحققت

لهذا النظام ومدى انعكاس تلك الأهداف على نمو المتعلم عقلياً ومهارياً ووجدانياً .

٤ – التغذية الراجعة :

تشمل المعلومات والبيانات المتعلقة بعناصر النظام التعليمي عموماً والتي يتم مـن خلالها أجـراء أيـة تعـديلات أو توافقـات أو تطـويرات في هـذا النظام وهـي التـي تعطي المؤشرات على مدى تحقق أهداف هذا النظام وانجازها وتحديد الايجابيـات والـسلبيات في جزء من أجزاء النظام واتخاذ القرارات والإجراءات المناسبة للتغلب على الـسلبيات وتـشمل التغذية الراجعة كما ذكرنا سابقاً تقويم المدخلات والعمليات والمخرجات .

٥ – بيئة المنظومة التعليمية :

تشمل الوسط المحيط بأي نظام تعليمي من مباني تعليمية وأثاثات وتجهيـزات تعليميـة ، كما تشمل الظروف الاجتماعية والاقتصادية والسياسية والثقافية والمادية المحيطة بالنظام وكذلك ظروف الطقس والمناخ والإضاءة المحيطة بموقع المؤسسات التعليميـة وغيرهـا مـن العوامل .

والشكل التالي يوضح مكونات منظومة التعليم :

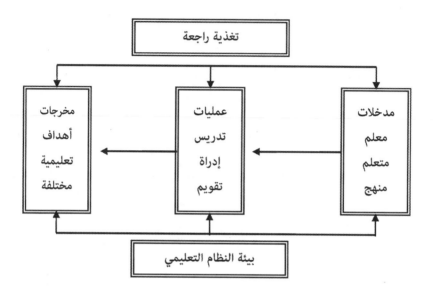

شكل رقم (٧) يوضح مكونات منظومة التعليم

من الشكل يتضح موقع التدريس في منظومة التعليم حيث يمثل مكوناً مهماً وأساسياً من مكونات هذه المنظومة ومدخلاً من أهم مدخلاتها ، كما يمثل عملية من أهم عمليات تلك المنظومة وأي منظومة تعليمية لا يمكن أن تقوم دون عمليات تدريس. فالتدريس يرتبط بعلاقات ديناميكية ومستمرة مع باقي مكونات وعناصر منظومة التعليم فهو يؤثر فيها ويتأثر بها .

موقع التدريس في منظومة المنهج:

تعتبر منظومة التدريس منظومة فرعية من منظومة المنهج ومرتبطة بها ارتباطاً وثيقاً وهي تعد حلقة مهمة في ترجمة المنهج في صورة واقعية لتحقيق أهدافه المنشودة .

فالتدريس يعتبر أداة لتنفيذ المنهج ولو نظرنا إلى المنهج في ضوء المدخل

المنظومى ، لوجـدنا أن التـدريس هـو العمليـات التـي تـؤدى إلى المخرجـات وهـو التـعلم وبدون هذه العمليات التدريسية يفقد المنهج وظيفته ، وتتوقف العملية التعليمية، فكـأن التدريس هو قلب العمليـة التعليمـية فإذا أصاب هـذا القلـب قصور أو ضعف فقدت العملية التعليمية حيويتها ووظائفها وأصبحت غير مثمرة

مكونات منظومة التدريس:

تتكون منظومة التدريس من مجموعة من العناصر المترابطة والمتكاملة والتي تتفاعـل مع بعضها البعض لتحقيق أهـداف النظام التعليمـي ككـل.وسوف نتنـاول هـذه العناصر المكونة لمنظومة التدريس بشيء من التفصيل كما يلي :

١ – المعلم : teacher

يمثل أهم مكونات منظومة التدريس فهو محور العمليـة التعليميـة وهـو أحـد أهـم عناصر الاتصال التعليمي حيث يقوم بدور المرسل التعليمي الـذي يتفاعـل مـع المستقبل (المتعلم) حول الرسالة التعليمية .وعلى ذلك فأن مفهوم المعلم حديثاً قد يتجاوز الـشخص القائم بالتدريس إلى مدى أعمق واشمل يعرف بالمرسل التعليمي

فالمعلم هو المسؤول عن تصميم التـدريس لـذلك فهو مطالـب بالإلمـام الكامـل بمادتـه ومراجعها وكتبها وما يساعده في تدريسها مـن مصادر تعلم ووسائل وتكنولوجيا تعليم وتعلم وبيئة تعليمية مناسبة تتوفر بها الإمكانات المادية والبشرية وعلى علـم ومعرفة بخصائص تلاميذه وصفاتهم وما بينهم من فوارق .

ولعل مـن أهـم مهـام المعلـم وأصعبها هـو تحديـد الأهـداف تبعـاً لجوانـب النمـو المختلفـة لطلابـه وصياغتها بحيـث تكون واقعيـة وممكنـة التحقيـق وأن تكون إجرائية ومحددة بحيث يمكن قياس مدى تحقيقها في نهاية عملية التـدريس

٢- المتعلم **:Student**

يعتبر المتعلم عنصر أساسياً في منظومة التدريس بل هو محور عملية التدريس ومن أهم مكوناتها وتركز عملية التدريس حديثاً على المتعلم كمحور أساسي لها تعمل من أجله باقي عناصر منظومة التدريس وتتوقف عملية التدريس على طبيعة المتعلم وخصائصه حيث يتحتم على المعلم اختيار طريقة التدريس التي تتناسب وخصائص المتعلم من حيث قدراته واستعداداته وميوله ورغباته .

ولكي يكون المتعلم فاعلاً في منظومة التدريس يجب أن يتصف بالاتي:

١ – أن يكون على درجة من النمو العقلي تمكنه من اكتساب محتوى الدرس وبالتالي تحقيق الأهداف .

٢ – لديه القدرة على التواصل مع المعلم وزملائه .

٣ – أن يكون قادراً على القيام بالأنشطة التعليمية .

٤ – متزناً انفعالياً .

٥ – أن يكون لديه التعلم المدخلي اللازم لتعليم الدرس الجديد .

٦ – أن يكون متعاوناً مع زملائه ومع المعلم في الموقف التدريسي .

٣- المنهج : Curriculum

هو المكون الثالث من مكونات منظومة التدريس وكما ذكرنا سابقاً أن منظومة المنهج تتكون من الأهداف ، المحتوى ، طرق التدريس ، الأنشطة المصاحبة والوسائل التعليمية والتقويم . والمنهج بهذه العناصر يمثل الرسالة التربوية المتبادلة بين المعلم والمتعلم، وبدون المنهج تختفي حلقة الوصل بينهما، وكلما كان المنهج واضح الأهداف متكامل العناصر ومتين الأسس كان

تـأثيره قويـاً ومـردوده التربـوي ايجابيـاً.لـذلك أولى التربويـون اهتمامـاً خاصـاً بالمنهج المدرسي،وذلك للدور التربوي الذي يطلع به في تنشئة أجيال المجتمع وفقا للفلسفة التي يؤمن بها، وقد سعى التربويون إلى وضع الأطر النظرية والنماذج والمواصفات التي يتم في ضوئها تخطيط المناهج المدرسية وتصميمها وبنائها، ووضع الترتيبات اللازمة لتجريبها وتطبيقها ومتابعتها بصورة مستمرة من اجل تطويرها وتحسين مردودها، بما توفره التغذيـة الراجعة من بيانات ومعلومات.

٤- بيئة التدريس (بيئة الصف):

بيئـة التـدريس Teaching Environment تعـرف ببيئـة الصـف ، أو بيئة حجـرة الدراسة Classroom Environment وهي مكون من مكونات عملية التدريس وتشمل المحيط الحيوي ، والمحيط الاجتماعي ، والمحيط التكنولوجي الذي تتم فيه تنفيذ التدريس ، بما تشمله تلك المحيطات من عوامل ومؤثرات تؤثر على نواتج ومخرجات التدريس .

فبيئة التدريس يقصد بها : جميع العوامل المؤثرة في عملية التدريس ، والتي تسهم في تحقيق مناخ جيد للتعلم يجري فيه التفاعل المثمر بين كل مـن المعلـم والمتعلم والمادة الدراسية ، وتنقسم هذه العوامل المؤثرة إلى ثلاثة عوامل رئيسة ، هي :

١ – العوامل الفيزيائية :

وتتضمن : المرافق والتجهيزات ، والمكتبة ، والملاعب ، والحديقـة ، ونظافة المدرسة ، وتوفير المواصلات ، وموقع المدرسة ، والجو الصحي .

٢ - العوامل التربوية :

وتتضمن الكتـب المدرسية ، والمراجـع والوسـائل التعليمية والمناشـط

التعليمية ، المتاحف ، وأساليب التدريس والتعلم المختلفة التي تتصل بالتعلم الفردي أو التعلم الجماعي ، وأساليب التقويم ، والتفاعل اللفظي داخل الصف الدراسي وإدارة الصف .

٣ - العوامل الاجتماعية :

تتضمن : التفاعل الاجتماعي في المدرسة ، الانضباط والنظام في إدارة المدرسة ، العلاقة بين المدرسة والمنزل ، التوجيه والإرشاد ،و العلاقة بين المدرسة والمجتمع .

هذا ولا يمكن لعملية التدريس أن تتم بمعزل عن بيئة التعلم ، فهي تمثل الوعاء الذي يحوي جميع المكونات الأخرى لمنظومة التدريس ، ولذلك ينبغي الاهتمام بهذه البيئة ومحاولة تحسين عواملها المؤثرة في عملية التدريس ، حتى نضمن وجود منظومة تدريسية ذات نتاجات تربوية عالية الجودة. وتؤثر بيئة التدريس تأثيراً كبيراً في مدى جودة عملية التدريس ومدى جودة مخرجاتها حيث يتوقف مستوى تحقيق أهداف التدريس على عوامل من أهمها طبيعة البيئة المحيطة بعملية التدريس ، وخصائصها . وترتبط بيئة التدريس ارتباطا وثيقاً بباقي عناصر ومكونات منظومة التدريس الأخرى ، فتؤثر في كل منها ، وتتأثر به.

٥-التغذية الراجعة: Feed Back

تعتبر التغذية الراجعة، من أهم مكونات منظومة التدريس حيث انه لا يمكن إصدار حكم على جودة تلك المنظومة ومخرجاتها دون عملية تغذية راجعة متقنة، كما انه لا يمكن معالجة أوجه القصور في عناصر منظومة التدريس وتعديل مسارها، ما لم يستند ذلك لعملية تقويم جيد لها، وهذا ما

تتيحه التغذية الراجعة. والشكل التالي يوضح مكونات منظومة التدريس والعلاقة بينها.

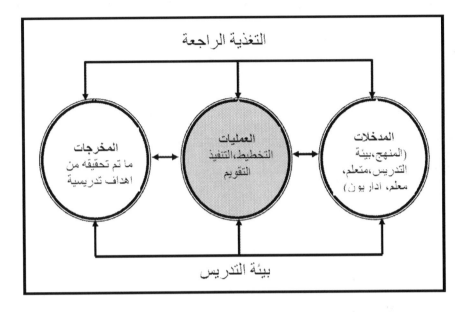

الفصل الخامس

مهارات التخطيط للتدريس

الفصل الخامس

مهارات التخطيط للتدريس

- المقصود بمهارات التدريس .
- أنواع مهارات التدريس
- مهارات التخطيط للتدريس
- مفهوم التخطيط للتدريس ومبرراته.
- أهمية التخطيط للتدريس .
- أسس ومعايير التخطيط الناجح للتدريس.
- مستويات التخطيط .
- خطوات إعداد خطة الدرس.
- الأهداف – مستوياتها – مصادر اشتقاقها.
- اختيار الأهداف التدريسية وصياغتها .

الأهداف :

في نهاية هذا الفصل ينبغي أن يكون كل طالب قادراً على أن :

- يوضح المقصود بمهارات التدريس.
- يفرق بين مهارات التدريس التخطيطية والتنفيذية والتقويمية.
- يوضح المقصود بالتخطيط .
- يشرح مبررات التخطيط للتدريس.
- يوضح أهمية التخطيط للتدريس.
- يستنتج معايير التخطيط الناجح للتدريس.
- يفرق بين التخطيط السنوي للتدريس ، تخطيط الوحدة التدريسية وتخطيط الدرس .
- يشرح خطوات إعداد خطة الدرس.
- يوضح مفهوم الهدف.
- يفرق بين الأهداف التربوية والتعليمية والتدريسية .
- يوضح شروط الهدف التدريسي الجيد.

الفصل الخامس

مهارات التخطيط للتدريس

قبل أن نتناول مهارات التدريس التي يجب على المدرس إجادتها ، لابد في البداية من توضيح المقصود بمهارة التدريس ، وذلك نظراً لعدم وجود معنى محدد متفق عليه بين أهل الاختصاص في مجال التدريس.

وقد تم التوصل إلى تعريف مهارة التدريس بأنها :

القدرة على أداء نشاط معين ذي علاقة بتخطيط التدريس وتنفيذه ، وتقويمه ، وهذا العمل قابل للتحليل لمجموعة من السلوكيات (الأداءات) المعرفية / الحركية / الاجتماعية ، ومن ثم يمكن تقييمه في ضوء معايير دقة القيام به ، وسرعة إنجازه ، والقدرة على التكيف مع المواقف التدريسية المتغيرة ، بالاستعانة بأسلوب الملاحظة المنظمة ، ومن ثم يمكن تحسينه من خلال البرامج التدريبية .

أنواع مهارات التدريس :

بذلت العديد من الاجتهادات من قبل المختصين لتحديد مهارات التدريس وتجميعها في عدة محاور ، وكان من أبرز الاجتهادات تلك التي قسمت هذه المهارات إلى ثلاثة مجموعات تختص كل منها بإحدى مراحل عملية التدريس الثلاثة هي : التخطيط ، التنفيذ والتقويم ،وهذه المجموعات هي :

مهارات التدريس

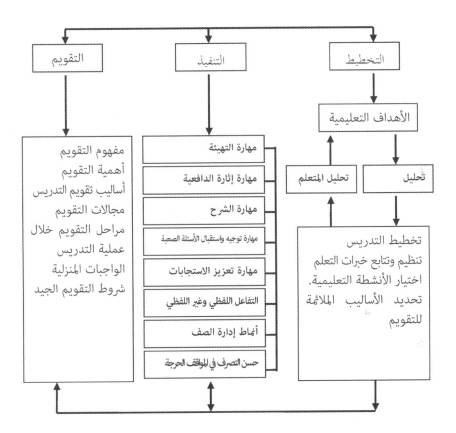

شكل رقم (٩)

وفيما يلي شرحا مفصلاً لكل مجموعة ولكل مهارة من تلك المهارات :

أولاً : مهارات التخطيط للتدريس .

توصلنا فيما سبق إلى أن منظومة عملية التدريس متصلة الحلقات حيث تمر بثلاثة مراحل أساسية ، وهي مرحلة التخطيط ثم مرحلة التنفيذ ، ثم

مرحلة التقويم ، ولذا فإن مرحلة التخطيط للتدريس تمثل المرحلة الرئيسية الأولى ، كما تعتبر حجر الزاوية في عمل المدرس وذلك بما تتضمنه من إجراءات ومهارات عديدة تتطلب إجادة المدرس لها لضمان نجاح العملية التعليمية ، وذلك مثل : صياغة الأهداف التعليمية ، تحليل المحتوى الدراسي ، تنظيم وتتابع خبرات التعلم ، إختيار الأنشطة والوسائل التعليمية ، تحديد الأساليب الملاءمة لتقويم نتاجات التعلم وذلك للتحقق من مدى تحقيق الأهداف .. لذا كان من الضروري أن يتقن المدرس مهارة التخطيط عن طريق التدريب والممارسة والاطلاع بشكل دائم حتى يتمكن من توفير أفضل بيئة تعليمية تشجع على حدوث أكبر قدر من التفاعل بين الطلاب و بالتالي تحقيق أكبر قدر من التعلم .

ولأهمية مرحلة التخطيط في منظومة التدريس سنتناول فيما يلي توضيحاً لمفهوم التخطيط للتدريس ثم بيان لمبررات التخطيط للتدريس كدليل على أهميته في عملية التدريس ، وأيضا توضيحاً لأسس ومعايير التخطيط الجيد للتدريس.

مفهوم التخطيط للتدريس .

قبل أن نتناول توضيح مفهوم التخطيط للتدريس ، سنتعرف أولا على المقصود بمفهوم التخطيط .

يعرف التخطيط بأنه عملية رسم الخطوط والإجراءات ، وتحديد المتطلبات والتجهيزات التي تلزم لتنفيذ أي عمل من الأعمال بما في ذلك العقبات المتوقعة والحلول المقترحة لمثل هذه العقبات ، ولذا فإن نجاح أي عمل في تحقيق أهدافه يتوقف على مدى جودة ودقة التخطيط الذي يسبق تنفيذ هذا العمل .

ما مفهوم التخطيط للتدريس :

يعرف بأنه عملية منظمة وهادفة ولازمة وضرورية للتدريس الجيد وتتضمن اتخاذ مجموعة من الإجراءات والقرارات للوصول إلى الأهداف المنشودة على مراحل معينة ، وخلال فترة زمنية محددة ، باستخدام الإمكانات المتاحة أفضل استخدام .

كما يعرف بأنه تصور نظري مكتوب لتوضيح مسار العمل واتجاهاته وطرقه وما يتوقع المعلم فيه من مشكلات أو عقبات وكيف يمكن التغلب عليها ، مستنداً إلى تفكير منظم ومتسق ومسبق لما يعتزم القيام به مع تلاميذه من أجل تحقيق أهدافاً معينة وهو يسبق مراحل التنفيذ والتقويم .

مبررات التخطيط للتدريس :

هناك من يعتقد أن خبرة المدرس ومستواه العلمي تمكنه من تقديم دروس بصورة جيدة دون تخطيط مسبق ، وهذا اعتقاد خاطئ ، فلا شك أن عملية التخطيط للتدريس لها العديد من المبررات منها :

- أن التدريس عملية علمية ، وأي عمل علمي لابد أن يقوم على التخطيط المسبق .

- أن التدريس عملية هادفة ، ولها أهدافها التي تحتاج إلى التخطيط لتحقيقها .

- أن التدريس عملية معقدة ومتشابكة الأطراف وهذا يجعل التنسيق والتنظيم فيها أمراً مهما والتخطيط هو الطريق لتحقيق ذلك .

- أن التدريس منظومة -كما أوضحنا في الفصل السابق - ومن مسلمات وأسس التفكير المنظومي هو التخطيط العلمي الدقيق .

أهمية التخطيط للتدريس :

في ضوء تلك المبررات السابقة والتي تدل على حتمية عملية التخطيط للتدريس تتضح أهمية تلك العملية كما يلي :

- جعل نشاط المعلم هادف وغير عشوائي وتقلل من نسبة المحاولة والخطأ .

- تساعد على تحقيق المشاركة الإيجابية للتلاميذ أثناء عملية التعلم وحسن استغلال وقت الحصة .

- تساعد المعلم على تجنب المواقف الطارئة والحرجة التي قد تواجهه أثناء التدريس وحسن التصرف فيها بثقة .

- تؤدي إلى وضوح الرؤية أمام المعلم ، حيث تساعده على تحديد دقيق لخبرات المتعلمين السابقة ، وأهداف التعليم الحالية ومن ثم تتيح له الفرصة بوضع أفضل تصميم لإجراءات تنفيذ الدرس وتقويمه ، مما يساعده على تحقيق الأهداف بأيسر الطرق وبذلك يوفر الوقت والجهد .

- تساعد المعلم على تنظيم أفكاره وترتيبها وذلك من خلال تحديد الأهداف التعليمية ، والأساليب التدريسية المناسبة ، وذلك يجنبه التخبط والارتجال وضياع الوقت كما يجنبه النسيان الذي يضعف من شخصيته أمام التلاميذ .

- تتيح للمعلم الفرصة لتجهيز ما يلزمه من وسائل تعليمية لدرسه وفحصها وتجريبها وإجادة استعمالها قبل إحضارها واستخدامها في الفصل .
- تعتبر سجلاً لنشاط التعليم والتعلم لتوضيح ما تم إنجازه وتحقيقه من أهداف .
- تيسر عملية المراجعة والتعديل .
- تساعد المعلم على مواجهة الفروق الفردية لأنه يخطط في ضوء خصائص وقدرات التلاميذ مقدماً .
- تساعد المعلم على تحديد مقدار المادة العلمية التي تحقق الأهداف وتتناسب وزمن الحصة .
- تزود المعلم بالثقة والأمان في تحقيق معظم الأهداف .

وعلى الرغم من تلك الأهمية لعملية التخطيط للتدريس إلا أن هناك وجهة نظر معارضة لتلك العملية والتي يمكن توضحيها فيما يلي مع بيان كيفية تفنيد تلك الآراء .

وجهة النظر المعارضة لتخطيط التدريس	تفنيد ذلك
وضع خطة معينة للدرس تحد من حرية المعلم وتقلل من مرونة وتلقائية العملية التعليمية أثناء التدريس .	التخطيط الجيد يأخذ في اعتباره بدائل متنوعة تيسر عملية التدريس وتوفر المرونة الكافية للمدرس وتعطيه الحرية في تعديل ما يراه في الخطة أثناء ممارسته الفعلية للتدريس ، ولذا فالخطة الدراسية تعد إطاراً منهجياً يحمي العملية التعليمية من الارتجال والعشوائية .
التخطيط مضيعة للوقت وذلك لأنه يستغرق الكثير من الوقت الذي يمكن استغلاله في أعداد وسائل تعليمية ، وتصميم أنشطة تعليمية وغير ذلك	التخطيط ليس مضيعة للوقت فهو يساعد المدرس على طرح أفكاره بطريقة منظمة مما يحميه من الارتجال والتخبط وضياع الوقت .
من الصعب التنبوء بدرجة كافية بإجابات الطالبات المحتملة على الأسئلة التي يضعها المعلم في الخطة .	معرفة المعلم بخصائص المتعلمين واحتياجاتهم وقدراتهم يمكنه من توقع ردود أفعالهم وإجاباتهم المحتملة .
من الصعب تحديد الوقت اللازم لتنفيذ خطة الدرس	بالممارسة والمران يمكن للمعلم تحديد الوقت اللازم لكل مرحلة من خطوات الدرس .

بعد أن تناولنا توضيحاً لمفهوم التخطيط للتدريس وأهميته سنوضح فيما يلي أسس ومعايير التخطيط الناجح للتدريس لكي يتسنى للمعلم مراعاة ذلك عند قيامه بعملية التخطيط لكي يسترشد بها أثناء تنفيذه للدرس مما يساهم في تحقيق الأهداف المحددة ، وبالتالي ضمان نجاح العملية التعليمية .

أسس ومعايير التخطيط الناجح للتدريس :

يرتكز التخطيط الناجح للتدريس على عدة معايير من أهمها :

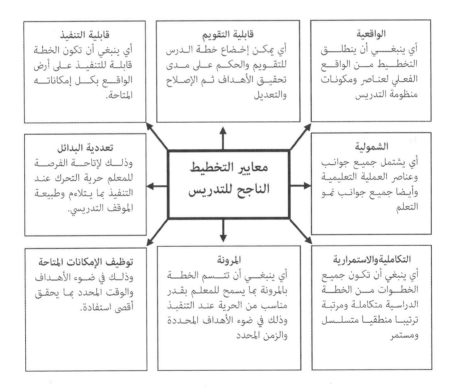

معايير التخطيط الناجح للتدريس
الواقعية
أي ينبغي أن ينطلق التخطيط من الواقع الفعلي لعناصر ومكونات منظومة التدريس
قابلية التقويم
أي يمكن إخضاع خطة الدرس للتقويم والحكم على مدى تحقيق الأهداف ثم الإصلاح والتعديل
قابلية التنفيذ
أي ينبغي أن تكون الخطة قابلة للتنفيذ على أرض الواقع بكل إمكاناته المتاحة.
الشمولية
أي يشتمل جميع جوانب وعناصر العملية التعليمية وأيضا جميع جوانب نمو التعلم
تعددية البدائل
وذلك لإتاحة الفرصة للمعلم حرية التحرك عند التنفيذ بما يتلاءم وطبيعة الموقف التدريسي.
التكامليةوالاستمرارية
أي ينبغي أن تكون جميع الخطوات من الخطة الدراسية متكاملة ومرتبة ترتيبا منطقيا متسلسل ومستمر
المرونة
أي ينبغي أن تتسم الخطة بالمرونة بما يسمح للمعلم بقدر مناسب من الحرية عند التنفيذ وذلك في ضوء الأهداف المحددة والزمن المحدد
توظيف الإمكانات المتاحة
وذلك في ضوء الأهداف والوقت المحدد بما يحقق أقصى استفادة.

شكل رقم (١٠)

مستويات التخطيط

تشتمل عملية التخطيط للتدريس على ثلاثة مراحل متتالية هي :

أولا : التخطيط السنوي

في هذه المرحلة يقرر المدرس ما سيفعله خلال العام الدراسي مع كل صف دراسي من خلال مادة تخصصه ، وذلك في ضوء الأهداف المحددة للمادة التدريسية والزمن الذي ستدرس فيه وأيضا طبيعة التلاميذ الذي سيقدم لهم ذلك المحتوى الدراسي

ثانيا : تخطيط الوحدة التدريسية

نظراً لأن الوحدة التدريسية تعالج موضوعاً متكاملاً يتناوله المعلم من كافة جوانبه بما في ذلك من معلومات نظرية وتطبيقات عملية حتى يصبح التعليم وظيفياً ، وذلك بربطه بحياة المتعلم للاستفادة به ولذلك فالوحدة تضم مجموعة دروس تتكامل جميعها وتكون موقفا حقيقياً

ثالثا : تخطيط الدروس

وهذه المرحلة تتضمن العديد من الخطوات المتتابعة والتي سيتم توضيحها فيما يلي

خطوات إعداد خطة الدروس اليومية

عند تكليفك بالتخطيط لدرس معين ، لا شك أنه سيتبادر إلى ذهنك العديد من الأسئلة منها :

بماذا أبدأ ، ما المراحل والخطوات والإجراءات التي يجب أن أخطط لها لتساعدني على تدريس الموضوع ؟ بماذا سأبدأ ، وكيف استمر وبماذا سأختم درسي ؟ هذا ما سنوضحه لكِ فيما يلي :

الخطوة الأولى :

هي عملية تحديد وتحليل المحتوى وما ورد به من عناصر وذلك يتطلب :
الإطلاع على ما ورد في الكتاب المدرسي من معلومات عن هذا الدرس ، أي قراءة محتوى الدرس في الكتاب المدرسي قراءة جيدة متأنية والتأكد من صحته علميا ثم تحليل محتواه بغرض التعرف على ما يتضمنه من عناصر ومفردات أساسية بحيث يقسم الدرس إلى مجموعة أجزاء مرتبة دون أن تفقد ترابطها وتكامل معناها حتى يسهل تعلمها

الخطوة الثانية :

تحديد الأهداف التعليمية وتحليلها إلى جوانب النمو المختلفة (عقلية معرفية – نفسحركية – وجدانية) وصياغتها جيداً ، أي تحديد ما يتوقع من التلاميذ معرفته أو القيام به بعد الانتهاء من الدرس ، ويجب أن تحدد بدقة ، وتكون قابلة للملاحظة والقياس حتى يسهل على المعلم التأكد من مدى تحقيقها وقياس نتائجها (سوف يتم تناول الأهداف ، معناها ، صياغتها فيما بعد ..)

الخطوة الثالثة :

في ضوء المحتوى الذي تم تحديده وتحليله في ضوء الأهداف التي ينبغي تحقيقها بعد دراسة هذا المحتوى ، تحدد متطلبات التعلم السابقة بدقة وهي المعلومات والمعارف التي ينبغي توافرها لدى المتعلم مسبقا وتعتبر بمثابة متطلبات أساسية لتعلم محتوى الدرس وتحقيق أهدافه .

الخطوة الرابعة :

تحديد واختيار (إجراءات التدريس والأنشطة التعليمية والتي تتضمن (طرق واستراتيجيات التدريس ، الوسائل التعليمية -الأنشطة التعليمية) أي التخطيط لتحديد الخطوات والمهام والأنشطة التعليمية التي سيقوم بها المعلم ويرشد إليها التلاميذ ، والمتطلبة لتنفيذ الدرس بغية تعلم محتواه وتحقيق أهدافه.

الخطوة الخامسة :

تحديد أساليب التقويم المناسبة وأدواته في ضوء الأهداف المحددة ، وذلك لقياس وتقييم مدى نجاح عملية التدريس والتأكد من تحقيق الأهداف .

الخطوة السادسة :

اختيار الأنشطة الإضافية لمراعاة الفروق الفردية .

الخطوة السابعة :

عملية المراجعة والتحسين والتغذية الراجعة ، وذلك لتحقيق الأهداف بكفاءة وفاعلية .

فيما يلي نموذجاً لتخطيط درس :

نموذج لتخطيط درس بالطريقة العرضية

التاريخ : / /   الصف : ....   الحصة : ....

عنوان الوحدة : ....   عنوان الدرس : ....

المفاهيم والمدركات الأساسية :

....

....

الأهداف السلوكية : (يراعى في صياغتها شروط صياغة الأهداف كما سبق توضيحها في نهاية الدرس ينبغي أن تكون التلميذة قادرة على أن :

أولا الأهداف العقلية المعرفية :

....

....

....

ثانياً : الأهداف النفسحركية :

....

....

....

ثالثاً : الأهداف الوجدانية :

....

....

المراجع المستخدمة :

....

....

ثم يستكمل التخطيط كما في الجدول التالي :

نموذج تخطيطي لدرس بالطريقة العرضية

الأهداف	المحتوى	متطلبات التعلم السابقة	طرق التدريس	الوسيلة التعليمية	الأنشطة التعليمية	الزمن	التقييم	أنشطة إضافية لمراعاة
تحدد أهدف الدرس بدقة وتصاغ صياغة صحيحة (كما سبق توضيحه وهي توضح ما ينبغي أن يصل إليه التلميذ عقب تعلمه	محتوى الدرس بالكتاب(الماد العلمية) وذلك بعد قراءتها جيدا والتأكد من صحتها وتقسيمها إلى عناصر أساسية على أن يوضع كل عنصر بما يتضمنه من مادة علمية مقابلا للهدف من تدريسه	وهي المتطلبات السابقة اللازمة لتعلم المحتوى الجديد في ضوء الهدف المحدد وهي عبارة عن المعلومات والمهارات اللازمة إلمام الطالب بها.	نختار انسب طريقة تدريس لتنفيذ المحتوى وتحقيق الأهداف	تختار أنسب وسيلة تعليمية لتساعد على توضيح المفاهيم الغامضة لتحقيق الأهداف المحددة.	هي الخطوات والمهارات والأنشطة التي يقوم بها التلاميذ في الفصل بدا من تهيئة قاعة الفصل إلى الأنشطة التي تمارس وذلك لاستيعاب المحتوى وتحقيق الأهداف المحددة	الزمن اللازم لتدرس كل عنصر وتحقيق الهدف المحدد وذلك ضمانا لإنهاء الدرس في الوقت المحدد	للتأكد من مدى تحقيق أهداف الدرس يجب أن تكون أمثلة التقييم واضحة ومحددة ومتنوعة ومشتملة على مستويات عليا في التفكير	في ضوء التقييم تصاغ هنا أنشطة إضافية لمراعاة الفروق الفردية سواء بطئ التعلم أو المتفقون ثم إنهاء الدرس بإعطاء التكليفات والواجب.

الأهداف

مفهومها - مستوياتها - صياغتها

مفهوم الأهداف :

الأهداف هي أساس كل نشاط تعليمي هادف ، وهي مصدر توجيه العمل التعليمي والتربوي لتحقيق ما يسعى إليه من نتائج ، كما أنها تعتبر أهم ركن من أركان العملية التربوية المنشودة فهي تمثل المكون الأول لمنظومة المنهج ، كما تعد أول خطوة من خطوات التخطيط الجيد للتدريس ، لذا كان من الضروري على المعلم الإلمام بمستوياتها ومصادر اشتقاقها ، أيضا مجالاتها المتنوعة وكيفية صياغتها صياغة جيدة .

مستويات الأهداف :

تنقسم الأهداف التربوية وفقاً لدرجة عموميتها أو تحديدها إلى ثلاثة مستويات هي :

أهداف تربوية عامة :

وتكون واسعة النطاق ، عامة الصياغة ، تتحقق عن طريق عملية تربوية كاملة مثل أهداف منهج مرحلة دراسية ، لذا فإن بلوغها يستغرق وقتاً طويلاً ، وهي تصاغ بحيث توضح ما ينبغي أن يكون التلميذ قادراً على أدائه في نهاية المرحلة الدراسية .

أهداف تعليمية :

وهي أهداف مقيدة المدى ، وترتبط بمقرر معين ، وهـي تصاغ
بحيث توضح ما ينبغي أن يكون التلميـذ قادراً عـلى أدائـه في
نهاية دراسته لمقرر معين .

أهداف تدريسية :

وهي أهداف ترتبط بدرس معين ، لذا فهي تصاغ بطريقـة أكـثر
دقة وتحديد وهي توضح ما ينبغي أن يكون التلميذ قادراً عـلى
أدائه بعد دراسته لدرس معين .

الشكل التالي يوضح تدرج مستويات الأهداف من العمومية إلى التحديد

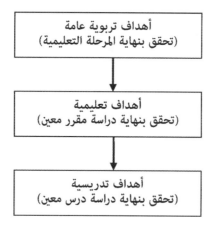

شكل رقم (١١)

الأهداف السلوكية (التدريسية)

مفهومها -مجالاتها - صياغتها

مفهوم الهدف التدريس (السلوكي) :

قبل أن نحدد معنى الهدف التدريس لابد من توضيح السبب في تسمية الهدف التدريسي بالهدف السلوكي .

هدف التدريس :

هو تهيئة البيئة للتلميذ لكي يتعلم .

والتعلم هو تكوين سلوك جديد أو تغيير في سلوك المتعلم لذا تسمى أهداف التدريس بالأهداف السلوكية.

معنى الهدف السلوكي (التدريسي) :

هو وصف لما ينبغي أن يكون التلاميذ قادرين على أدائه في نهاية الدرس (أي بعد مرورهم بخبرات وأنشطة الدرس التعليمية التي]يهيؤها لهم المدرس)، أي أنه وصف لما يتوقع من التلاميذ أن يتمكنوا من فعله في نهاية الدرس كنتيجة للأنشطة التي مارسوها .

مجالات ومستويات ا لأهداف السلوكية (التدريسية):

صنف رواد حركة الأهداف التربوية السلوكية المستويات التي تقع فيها الأهداف التدريسية إلى ثلاثة مجالات هي :

١-المجال العقلي المعرفي : ويتضمن الأهداف التي تركز على النشاط العقلي و الذهني من معارف ومهارات عقلية .

٢- المجال النفسحركي : ويتضمن أهدافاً تؤكد على المهارات الحركية .

٣- المجال الوجداني : يتضمن أهدافاً تؤكد على المشاعر والأحاسيس والانفعالات والميول والاتجاهات والقيم .

وفيما يلي توضيحاً لكل مجال على حدة

أولا : الأهداف في المجال العقلي المعرفي :

يتكون هذا المجال من ستة مستويات طبقاً لتصنيف بلوم وهي كالتالي :

١-مستوى التذكر : وهو يمثل أدنى مستويات القدرة المعرفية ، ونواتجه تعتبر أدنى النواتج التعليمية في المجال العقلي المعرفي ، إلا أنه يعتبر أساس ولازم لباقي درجات المعرفة التي تليه ، ويقصد بهذا المستوى حفظ التلميذ لمجموعة حقائق ومعلومات وقوانين ومصطلحات وعليه تذكرها واسترجاعها إذا طلب منه ذلك .

٢-مستوى الفهم : ويعني القدرة على إدراك المعاني وتتطلب من التلميذ استيعاب ما حفظه من معلومات ، ومعرفة مدلولات الكلمات ، وعليه أن يترجم المعلومات من صورة إلى أخرى ويفسرها ويشرحها بأسلوبه ويتنبأ بنتائجها .

٣-مستوى التطبيق : ويعني القدرة على استخدام المعلومات والمعارف وتطبيقها في مواقف جديدة واقعية (وهذه المرحلة لا تتم إلا بعد تذكر المعلومة وفهمها).

٤-مستوى التحليل : ويعني قدرة التلميذ على أن يتعرف على مكونات وأجـزاء موقـف معين من أجل فهم بنائه ا لتركيبي ، أي يتطلب من التلميذ معرفة وفهم كل من المحتـوى المعرفي ، والبنائي ثم تجزئة الفكرة الواحدة إلى عناصر مع إدراك ما بينها من علاقات.

٥-مستوى التركيب : وهو عكس مستوى التحليل حيـث يتطلب مـن التلميـذ القـدرة على تجميع الأجزاء لتكوين كل متكامل وتأليف شيء جديد من عناصر ، وجزئيات.

٦-مستوى التقييم : يتطلب من التلميذ القدرة على إصدار حكم على الأشياء والمواقف في ضوء معايير محددة .

فيما يلي توضيح لتدرج مستويات الأهداف في المجال العقلي المعرفي

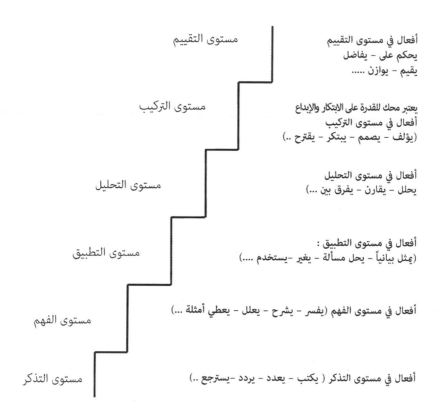

مستوى التقييم — أفعال في مستوى التقييم
يحكم على – يفاضل
يقيم – يوازن .....

مستوى التركيب — يعتبر محك للقدرة على الابتكار والإبداع
أفعال في مستوى التركيب
(يؤلف – يصمم – يبتكر – يقترح ..)

مستوى التحليل — أفعال في مستوى التحليل
يحلل – يقارن – يفرق بين ...)

مستوى التطبيق — أفعال في مستوى التطبيق :
(يمثل بيانياً – يحل مسألة – يغير –يستخدم ....)

مستوى الفهم — أفعال في مستوى الفهم (يفسر – يشرح – يعلل – يعطي أمثلة ...)

مستوى التذكر — أفعال في مستوى التذكر (يكتب – يعدد – يردد –يسترجع ..)

يتكون هذا المجال من ستة مستويات طبقاً لتصنيف بلـوم ، وقـد رتبـت عـلى شـكل هرمي من أهداف تعتمد على الحفـظ إلى أهـداف تنمـي مهـارات التفكير العليـا ، وقـد وضعت على درجات سلم ، وذلك لأن كل درجة تستلزم بالضرورة صعود ما يسبقها مـن درجات ، بمعنى أن كل مستوى بعدي يتضمن المستويات القبلية فالفهم يتضمن التذكر ، أي أن الطالبة لا تصل إلى الفهم دون أن تتذكر وهكذا في بقية المستويات.

ثانياً : الأهداف في المجال النفسحركي:

يهتم هذا المجال بتكوين وتنمية مهارات تتطلب استخدام عضلات الجسم كالمهارات العملية المختلفة ، ولقد تم تصنيفها في. ضوء ملاحظات خطوات تكوين المهارات الحركية عند التلاميذ وذلك وفقا لتصنيف سيمبسون كالتالي :

١-مستوي الملاحظة : تعتبر أول مستوى في تكوين المهارة ، وتركز على إثارة وعي التلميذ بما حوله ليعرف خطوات العمل التي ينبغي عليه اتباعها فيما بعد لتكوين مهارة في أداء العمل .

٢-مستوى التقليد : هذا المستوى يقوم التلميذ بأداء عمل ما أو جزء من عمل مقلد ومتبع نفس الطريقة أو الخطوات التي لاحظها دون أي تغيير أو إدخال أية تعديلات ويكون ذلك تحت إشراف المعلم .

٣-مستوى التجريب : هذا المستوى يسمح للتلميذ بتجريب عمل شيء ما لاحظه أو قلده وذلك ليتعرف على أخطائه لكي يتلافاها فيما بعد .

٤-مستوى الممارسة : في هذا المستوى يبدأ تكوين المهارة فعلاً حيث يصبح أداء التلميذ تلقائياً وسلساً فيؤدي المهارة بسهولة وثقة مع زيادة في السرعة وقلة في الأخطاء أيضاً قلة في الجهد المبذول .

٥-مستوى الإتقان : هذا المستوى دلالة على إتقان التلميذ للمهارة التي يمارسها مع سرعة وسهولة في الأداء وسهولة واقتصاد في الوقت والجهد والتكاليف .

٦-مستوى الإبداع : يعني هـذا المـستوى بقدرة التلميـذ عـلى ابتكـار وإبـداع نمـاذج جديدة لمواقف جديدة وذلك بعد إتقانه الكامل للمهارة وثقته بنفسه .

فيما يلي توضيحا لتدرج مستويات الأهداف في الجانب النفسحركي :

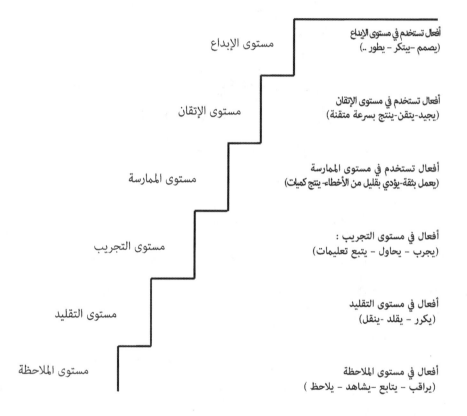

مستوى الإبداع — أفعال تستخدم في مستوى الإبداع (يصمم -يبتكر - يطور ..)

مستوى الإتقان — أفعال تستخدم في مستوى الإتقان (يجيد-يتقن-ينتج بسرعة متقنة)

مستوى الممارسة — أفعال تستخدم في مستوى الممارسة (يعمل بثقة-يؤدي بقليل من الأخطاء- ينتج كميات)

مستوى التجريب — أفعال في مستوى التجريب : (يجرب - يحاول - يتبع تعليمات)

مستوى التقليد — أفعال في مستوى التقليد (يكرر - يقلد -ينقل)

مستوى الملاحظة — أفعال في مستوى الملاحظة (يراقب - يتابع -يشاهد - يلاحظ)

ملاحظـة : الأهـداف في المـستوى الأول ، الثـاني ، الثالـث (أي الملاحظـة -التقليـد-التجريب) تمثل أهداف مرحلية تتم أثناء التدريس ، أما الأهداف ، في المستويات الثالث الرابع ، الخامس (ممارسة -إتقان - إبداع) فهي تمثل أهدافاً ينبغـي أن تكـون التلميـذ قادراً على ممارستها في نهاية الدرس .

ثالثاً : الأهداف في المجال الوجداني :

يطلق عليه أحياناً المجال الانفعالي أو العاطفي ، ويهتم بالأهداف التي تعنى بالأحاسيس والمشاعر والانفعالات ، كذلك التي تعنى بتكوين الاتجاهات والميول والقيم وقد قسمت إلى خمسة مستويات طبقاً لتصنيف (كراثول) كالتالي :

١-مستوى الاستقبال (الانتباه):

يشير هذا المستوى إلى استعداد المتعلم ورغبته للعمل بحماس من خلال انتباهه واهتمامه بظاهرة معينه أو مثير معين مثل نشاط تعليمي في الفصل أو قضية من القضايا ، لذلك يتطلب هذا المستوى جذب انتباه التلميذ إلى مثير ما ، وضرورة تنوع المثيرات حتى تخلق رغبة حقيقية لدى المتعلم ليعرف المزيد عن هذا المثير .

٢-مستوى الاستجابة (التقبل والاهتمام)

ويعني المشاركة الإيجابية والتفاعل المستمر من قبل المتعلم من خلال مشاركته التلقائية التطوعية ، بناء على رغبة حقيقية ، لذلك يتميز سلوك التلميذ بالإيجابية والاهتمام بالظاهرة التي جذبت انتباهه مع استعداده لبذل الوقت والجهد وذلك بطريقة لفظية أو غير لفظية .

٣-مستوى التقدير / وتكوين الاتجاه :

ويعني القيمة التي يعطيها المتعلم لشيء معين أو ظاهرة سلوكية (إصدار حكم) ويقيم هذا المستوى بإدراك وتقدير التلميذ للظاهرة وينعكس ذلك

في سلوكه وتصرفاته ، ويمكن الحكم على تكوين الاتجاه من خلال تكرار السلوك في مواقف مختلفة بدرجة من الثبات والاستمرارية .

٤-مرحلة التنظيم النسبي للقيم : وفيها يحدد التلميذ مكان كل قيمة من القيم التي كونها في وجدانه وعلاقتها ببعضها وينظمها تنظيماً تبعاً لأهميتها وهذا التنظيم ينعكس في السلوك .

٥-مرحلة السلوك القيم : حيث يتكون لدى المتعلم نظاماً قيمياً يضبط سلوكه ويوجهه لفترة طويلة حيث تتكامل الأفكار والاتجاهات والمعتقدات والقيم وينتج عن ذلك سلوك التلميذ وشخصيته .

وفيما يلي توضيحاً لتدرج مستويات الأهداف في المجال الوجداني :

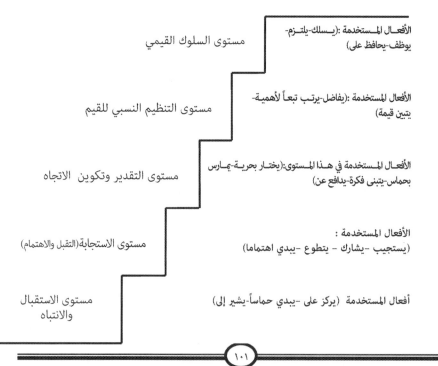

ما يجب مراعاته عند اختيار الأهداف التدريسية

يجب على المعلم عند التخطيط للتدريس واختيار أهداف الدرس أن يراعي ما يلي :

- أن تتضمن الأهداف جوانب النمو المختلفة للتلميذ أي (الجانب العقلي المعرفي ، الجانب النفسحركي ، الجانب الوجداني) وهـذا بـلا شـك سـوف يختلف مـن درس لآخـر حيـث إن الـدروس العمليـة تكثـر بهـا الأهـداف النفسحركية عنها في الدروس النظرية ، ولكـن الأهـداف الوجدانيـة فهـي أساسية ومهمة في جميع الدروس .

- ضرورة مراعاة التوازن والشمول والتكامـل بين جميع مـستويات الأهـداف التعليميـة في خطـط التـدريس وذلـك وفقـا لمـا تفرضـه طبيعـة الموقـف التعليمي ومعطياته ، والإمكانات المتاحة لتنفيذه.

- ضرورة مراعاة التنـوع في مـستويات أهـداف الـدرس أي تتـضمن أهـدافاً تـدفع التلميـذ علـى التفكيـر والاسـتدلال والاسـتقراء والقـدرة علـى ربـط وتطبيق ما تم تعلمه لمواقف فعلية ، وتحليل وتقييم بعض المواقف التـي ترتبط بالدروس وتتناسب والمرحلة العمرية التي يمر بها .

- ضرورة مراعاة المرونة عند التخطيط للتـدريس واختيـار أهـداف الـدرس لأنه قد ينتج أهدافاً جديدة غير مخطط لها مـن خـلال التفاعـل الـصفي وذلك ضمانا لتحقيق تدريس فعال يؤدي إلى التعلم المنشود.

صياغة أهداف التدريس :

توصلنا فيما سبق إلى أن الهدف السلوكي ، هو وصف لما ينبغي أن يكن التلاميذ قادرين على فعله أو القيام به بعد مرورهم بخبرات أو أنشطة تعليمية يهيؤها لهم المعلم ، أي أنه وصف للتغيرات المرغوب إحداثها في سلوك المتعلم بجوانبه الثلاثة العقلية المعرفية والنفسحركية والوجدانية ، ومن ثم فإن التأكد من تحقق هذه الأهداف يستلزم صياغتها صياغة جيدة وذلك يتطلب التعرف على :

معايير الهدف الجيد للتدريس :

- ينبغي أن يعكس الهدف التدريسي حاجات التلاميذ الفعلية الواقعية وأن يتناسب مع قدراتهم وميولهم ودرجة نضجهم .

- ينبغي أن تصاغ الأهداف التدريسية بواقعية بحيث تُمكن التلاميذ من تحقيقه في ظل الإمكانات المتاحة .

- ينبغي أن يصاغ الهدف بطريقة صحيحة أي:

• يصف سلوك المتعلم (التلميذ) ولا يصف سلوك المعلم .

• يكون الهدف محدداً تحديداً دقيقاً حتى يمكن قياسه .

• يكون الهدف ظاهراً بحيث يمكن ملاحظته .

• يكون الهدف غير مركب.

• يصف ناتج النشاط التعليمي وليس النشاط التعليمي نفسه .

وفيما يلي شرحاً تفصيلاً لشروط صياغة أهداف التدريس مع أمثلة تطبيقية .

شروط صياغة الهدف السلوكي	أمثلة تطبيقية
الشرط الأول : أن يكـون السـلوك الموصـوف في الهدف واضحاً وظاهراً حتى يمكن للمدرس من ملاحظته والتحقق من حدوثه	- يذكر التلميذ مكونات الوجبة الغذائية المتكاملة . - يكتب التلميذ في تسلسل خطوات العملية الإدارية . - يذكر التلميذ قانون الطفو. - يستنتج التلميذ مكونات الذرة . - يذكر التلميذ شروط تطابق المثلثين بصورة دقيقة.
الشرط الثاني : أن يصف الهدف سلوك المتعلم (التلميذ) ولا يصف سلوك المعلم ، وبذلك يتحول التركيز في العملية التعليمية من التركيز على المعلم إلى التركيز على المتعلم .	- يشرح التلميذ آلية الهضم في الجهاز الهضمي للإنسان شرحاً دقيقاً . - يحسب الطالب مساحة المثلث بسرعة ودقة وإتقان. - يفسر التلميذ أسباب انتصار المسلمين على الكفار في غزوة بدر. - يحدد التلميذ أهم نتائج غزوة بدر. - يوضح التلميذ آلية حدوث البناء الضوئي .
أن يكون السلوك الموصوف محدداً وغير مركب (أي لا يصف أكثر من ناتج تعليمي واحد)	- يحلل الطالب المقدار الثلاثي تحليلاً دقيقاً . - يطبق الطالب نظرية ذات الحدين في حل التمرين بشكل رياضي سليم. - يشرح التلميذ طريقة حفظ اللحوم بالتجميد. - يوضح التلميذ خطوات إسعاف جرح بسيط
أن يصف الهدف ناتج النشاط التعليمي ولا يصف النشاط التعليمي نفسه (أي يركز على	- يمثل الطالب بيانياً معادلة الدرجة الأولى في متغيرين بصورة صحيحة . - يشرح الطالب بطريقة صحيحة إسعاف جرح بسيط. - يوضح الطالب الطريقة الصحيحة لأخذ

شروط صياغة الهدف السلوكي	أمثلة تطبيقية
نواتج التعلم)	مقاسات فستان. - ينشئ الطالب ا لمستوى الإحداثي بصورة دقيقة. - يرسم الطالب الدائرة بمعلومية مركزها وطول نصف قطرها بشكل رياضي صحيح.

بالإضافة إلى الشروط السابقة يجب الحرص على استخدام الأفعال الظاهرة عند صياغة أهداف التدريس مثل :

تشرح -تصف -تذكر - تعدد - تعطي أمثلة -تلخص - تعلل - تفسر - تحلل - تقيم ....إلخ

كما يجب تجنب الأفعال التالية عند صياغة أهداف الدرس ، وذلك لأنها أفعال غير ظاهرة ولا يمكن ملاحظتها مثل :

تعرف -تفهم - تدرك - تلم إلماماً كاملاً - تعتقد - تقتنع ..

الأخطاء الشائعة في صياغة الأهداف التدريسية وتصحيحها .

بعد أن تعرفنا على شروط صياغة أهداف التدريس ، كيفية صياغتها بطريقة صحيحة وذلك باعتبارها أهم خطوات نجاح الدرس والتي تتطلب مزيدا من التدريب المستمر ، سنتعرف معاً على بعض الأخطاء الشائعة في صياغتها وكيفية تلافيها وهذا ما سنوضحه في الجدول التالي :

الأخطاء الشائعة في صياغة أهداف التدريس	أمثلة لأهداف غير صحيحة	تصحيح الأهداف
أن يصف الهدف سلوك المعلم ولا يصف سلوك المتعلم.	يشرح المعلم شروط تطابق المثلثين. يوضح المعلم آلية حدوث البناء الضوئي للنبات	يشرح التلميذ شروط تطابق المثلثين. يستنج الطالب آلية حدوث البناء الضوئي للنبات.
أن يصف الهدف أنشطة التعلم ولا يصف ناتج التعلم.	يشاهد التلميذ فيلما عن خطوات حدوث الزلزال. يشاهد التلميذ بيان عملي لخطوات عمل الكيكة الاسفنجية.	يوضح التلميذ خطوات حدوث الزلزال. يذكر التلميذ خطوات عمل الكيلكة الأسفنجية .
عمومية الهدف وعدم تحديده أي صياغة الهدف بطريقة غير محددة .	يذكر الطالب أكبر عدد ممكن من الأمثلة الحياتية عن المجموعة المنتهية بشكل صحيح.	يذكر الطالب خمسة أمثلة حياتية عن المجموعة المنتهية بشكل صحيح.
أن يكون الهدف مركباً (أي يتضمن شيئين في آن واحد).	يقارن التلميذ بين علميتي التنفس والبناء الضوئي ويبين آلية حدوث كل منهما .	يقارن التلميذ بين علميتي التنفس والبناء الضوئي . يبين التلميذ آلية حدوث عمليتي التنفس والبناء الضوئي.

الفصل السادس

مهارات التدريس التنفيذية

الفصل السادس

مهارات التدريس التنفيذية

- التهيئة للدرس
- التفاعل اللفظي وغير اللفظي .
- إثارة دافعية التلاميذ.
- توجيه واستقبال الأسئلة الصفية .
- أنماط إدارة حجرة الدرس .
- حسن التصرف في المواقف الصعبة والمحرجة داخل حجرة الدرس .

الأهداف :

- في نهاية هذا الفصل ينبغي أن يكون كل طالب قادراً على أن :
- يستنتج المهارات الأدائية التدريسية التي يجب على المعلم إتقانها .
- يوضح أهداف التهيئة للدرس .
- يفرق بين مهارة التفاعل اللفظي ، والتفاعل غير اللفظي .
- يوضح المقصود بمهارة استثارة الدافعية للتعلم لدى التلميذ
- يستنتج الأسس التي يتبعها المعلم لتنشيط الدافعية للتعلم .
- يوضح الأسس التي يجب مراعاتها عند إعداد وتوجيه الأسئلة .
- يحدد المقصود بإدارة الصف .
- يستنتج أسباب عدم تحقيق الانضباط الصفي .
- يذكر أمثلة لبعض المواقف الصعبة داخل حجرة الصف وكيفية مواجهتها بنجاح .

الفصل السادس

مهارات التدريس التنفيذية

يمثل تنفيذ التدريس المرحلة الثانية من مراحل منظومة التدريس والتي يحرص فيها المعلم على تنفيذ ما خطط له في المرحلة الأولى .

وتكمن أهمية هذه المرحلة في كونها تتطلب من المعلم القيام بالعديد من الإجراءات والأساليب والمهارات من أجل إكساب المتعلمين الخبرات التربوية المستهدفة بما تشمله من معارف ومهارات واتجاهات وقيم وأنماط سلوكية متعددة ، وذلك وفقا للأهداف المنشودة .

ولكي يتمكن المعلم من تأدية أدواره التدريسية بكفاءة كان لابد من إتقانه لمجموعة من المهارات الأدائية التدريسية المتخصصة مثل :

مهارة التمهيد (التهيئة للدرس)، مهارة التفاعل اللفظي وغير اللفظي أثناء التدريس ،مهارة إثارة دافعية المتعلم (تنوع المثيرات) داخل حجرة الدرس ، مهارة توجيه الأسئلة الصفية واستقبالها ،مهارة إدارة حجرة الصف ، مهارة مواجهة المواقف الصعبة والمحرجة داخل حجرة الدراسة ، وفيما يلي شرحاً مفصلاً لكل مهارة على حدة ...

مهارة التهيئة للدرس :

تعد التهيئة أولى مهارات عرض / تنفيذ الدرس ، وهي تعتبر من أهم المهارات التي يستخدمها المعلم قبل بدء تعلم درس جديد ليهيئ التلاميذ ذهنياً

ونفسياً وانفعالياً ويحرك عقولهم وحواسهم لضمان حسن متابعتهم للدرس وزيادة دافعتيهم للتعلم وجذب انتباههم للدرس الجديد .

أهداف مهارة التهيئة :

تستخدم التهيئة في الدرس بأهداف متعددة منها :

- جذب انتباه الطلاب وتشويقهم للتركيز على موضوع الدرس من خلال إثارة الدافعية لديهم نحو ما سيرد في الدرس .
- تحفيز الطلاب لاستدعاء ما لديهم من خلفية معرفية حول موضوع الدرس وتصويب ما بها من أخطاء وتدعيم الصحيح منها وذلك لتحقيق تكامل واستمرارية الخبرة ، وهذا من شأنه مساعدة التلاميذ على تنظيم أفكارهم مسبقاً وتمكنهم من استكمال بنيتهم المعرفية .
- تعريف الطلاب بما هو متوقع منهم أن يتعلموه من محتوى وما سوف يحققوه من أهداف وذلك للتركيز عليه أثناء التدريس .

أساليب وطرق التهيئة للدرس

تتنوع طرق تقديم التهيئة حسب الموضوع ، وعمر التلاميذ . وفيما يلي عرض لبعض طرق وأساليب التهيئة :

طرق تقديم التهيئة	أمثلة تطبيقية
١-طرح أسئلة تحفيزية : وهي أسئلة لها أكثر من إجابة تبدأ بـ كيف ؟ ماذا حدث ؟ ما الفرق ؟ فسري؟ ومن خلال إجاباتها يمكن التوصل	كيف يمكن تحويل الأشياء التي تؤدي إلى تلوث البيئة إلى أشياء تؤدي إلى تجميل البيئة؟ (نموذج الدرس عن كيفية الاستفادة من المستهلكات المنزلية) ماذا يحدث لو :

طرق تقديم التهيئة	أمثلة تطبيقية
إلى عنوان الدرس .	امتنع الناس عن تأدية الزكاة؟ (يكون الدرس عن أهمية الزكاة) ما ذا يحدث لو : تحولت كافة أسنان الإنسان إلى أنياب ؟ (يكون الدرس عن وظيفة الأسنان) فسري سبب دوران الكرة الأرضية ؟
٢-استخدام الطرائف والألغاز : •موقف يثير انتباه الطلاب وقد يكون موقف نادر الحدوث في الحياة .	صدق أو لا تصدق " انهيار عمارة بسبب نقطة ماء " كتمهيد وتهيأة لدرس عن : ترشيد استهلاك المياه .
• ذكر بعض الأيات القرآنية والأحاديث النبوية الشريفة والأقوال المأثورة	قال تعالى (وهزي إليك بجذع النخلة ..) كتمهيد لدرس عن التمور وأهميتها قال رسول الله صلى الله عليه وسلم : "ما زال جبريل يوصيني بالجار حتى ظننت أنه سيورثه " كتمهيد لدرس عن حقوق الجار .
• استخدام القصص والحكايات وذلك من خلال عرض المعلم لقصة أو حكاية مشوقة موجزة تمهد لموضوع الدرس الجديد على أن يتم عرضها بأسلوب يجذب انتباه الطلاب .	
• الاستشهاد بمواقف وأحداث جارية يمكن للمعلم من استخدام حدث جاري يستشهد به كمدخل لتدريس	(ارتفاع معدلات الطلاق) يستخدمه المدرس كتهيئة لموضوع عن (التوافق الزواجي)

طرق تقديم التهيئة	أمثلة تطبيقية
موضوع.	انتشار أنفلونزا الخنازير . يستخدمه المدرس كتهيئة لموضع (الفيروسات).
• استخدام احداث متناقضة : يقصد بها بعض الأنشطة والمهام التعليمية التي تأتي بنتائجها بشكل غير متوقع وتثير الدهشة لدى المتعلم ، أي تتضمن حدث يناقض ما يعرفه المتعلم بناء على خلفيته المعرفية ومعلوماته السابقة	
• ممارسة الطلاب لانشطة استكشافية أو استقصائية .	يوضع المعلم أمام الطلاب صور لأثاث منزل ويطلب منهم ترتيبها في ماكيت يتضمن حجرات منزل مختلفة . تمهيد لدرس عن معايير تنظيم الأثاث بحجرات المنزل المختلفة . درس عن قانون الطفو أو عفن الخبز يمارس الطلاب نشاط ليتوصلوا إلى عنوان الدرس . درس عن الجاذبية الأرضية يمارس الطلاب نشاط كسقوط عملة معدنية على الأرض.
ربط الدرس الحالي بما سبق دراسته: سواء الدرس الذي يسبقه مباشرة أو معلومات سابقة وذلك لاستدعاء المفاهيم الأساسية	درس عن القسمة لابد بدء الدرس بمراجعة لجدول الضرب . درس عن الوجبة الغذائية المتكاملة . لابد من بدء الدرس بمراجعة عن مجموعات

طرق تقديم التهيئة	أمثلة تطبيقية
	الغذاء الأساسية.
تقديم المنظم المتقدم استدعاء ما لدى الطالب من خلفية معرفية متصلة بالموضوع الجديد والتأكد من صحتها لاستكمال البنية المعرفية .	

أخطاء شائعة في مهارة التهيئة :

- طول الفترة الزمنية للتهيئة والتي يجب ألا تزيد عن ثلاث دقائق .
- عدم وضوح الارتباط القوي بين التهيئة وموضوع الدرس فقد تكون التهيئة جذابة ، ولكنها لا تؤدي إلى موضوع الدرس .
- عدم مناسبة التهيئة لمستوى نضج التلاميذ مما يصعب استيعابها .
- اقتصار التهيئة على تقديمها في بداية الدرس فقط ، بل يجب أن تكون مرحلية في أكثر من موقف أو لأكثر من إجراء في الموقف التدريسي الواحد ، أي لكل جزء جديد في الدرس بقدر الإمكان .

مهارة التفاعل اللفظي وغير اللفظي :

توصلنا فيما سبق أن التدريس عملية اتصال إنساني تعليمي تفاعلي بين مرسل (المدرس) ومستقبل (التلميذ) حول رسالة تعليمية محددة من خلال

قنوات اتصال تعليمي مناسبة ، سواء داخل حجرات الدراسة أو خارجها .

أي أن التفاعل والاتصال يمثلان عنصران مهمان من عناصر التدريس وبدونهما لا تتم علمية التدريس ، ولذلك اهتم التربويون بدراسة ما يحدث داخل الفصل الدراسي من اتصال تفاعلي بين المعلم والمتعلمين أثناء الشرح وتوصلوا إلى أن هذا التفاعل يتم بصورتين تفاعل لفظي وتفاعل غير لفظي .

وفيما يلي توضيحاً لكل نمط على حدة بالتفصيل :

أولاً : مهارة التفاعل اللفظي **(Verbal communication)** :

يعتبر التفاعل اللفظي من أهم مهارات تنفيذ التدريس إذ يتوقف عليها نجاح عملية الاتصال في الموقف التعليمي ، لذلك اهتمت العديد من الدارسات والبحوث بتحليل ما يجري من حديث (كلام) داخل الموقف التعليمي بين المعلم والمتعلم ، ولعل من أشهرها دراسات فلاندرز ، فقد أوضحت أن المعلم يستأثر بمعظم وقت الحصة في الكلام ، ولا يدع مجالاً كبيراً للتلاميذ للتحدث أو المشاركة في الحوار . كما أوضحت النتائج أن نسبة كبيرة من كلام المعلم تكون في صورة أسئلة يوجهها للتلاميذ ويقتصر كلام التلاميذ على الاستجابة أو الرد على أسئلة المعلم، أيضاً أوضحت الدراسة أن نسبة كبيرة من كلام المعلم تكون في صورة تعليمات وتوجيهات ، أو تحذير أو توبيخ لتوجيه سلوك التلاميذ .

أما نسبة مبادرة التلاميذ بالكلام فكانت منخفضة للغاية كما أن نسبة الحوار المتبادل بين التلاميذ وبعضهم البعض منخفضة جداً ، أما النسبة المرتفعة من الزمن المستغرق فكانت تمثلها لحظات الفوضى من قبل التلاميذ أو الفترات التي يكون فيها الكلام غير واضح وغير محدد من أي من الطرفين.

ولتسهيل عملية رصد ما يدور داخل الفصل من تفاعل لفظي ومن ثم الاستدلال على نمط التفاعل داخل الفصل وتعرف ما إذا كان المعلم يركز على تلقين المعلومات أم على أثارة دافعية التلاميذ وتشجيعهم على المشاركة ، أم أن الفوضى تسود الموقف التعليمي ..... إلخ ، أي التعرف على جوانب القوة والضعف لدى المعلم في هذه المهارة الأدائية المهمة (مهارة التفاعل اللفظي) وقد اقترح (فلاندرز) مصفوفة لرصد كل جانب من جوانب التفاعل اللفظي وحساب نسبة كل جانب وهي كالتالي :

استمارة تبين فئات التحليل اللفظي في الفصل

كلام المعلم		كلام التلاميذ
كلام غير مباشر	كلام مباشر	
١- يتقبل مشاعر التلاميذ : وذلك بطريقة إيجابية بعيده عن التهديد ويحاول توضيحها . ٢- يشجع ويمتدح التلاميذ ويتقبل استجاباتهم ويثني عليهم . ٣- يقبل آراء التلاميذ ويوضحها . ٤- يسأل التلاميذ حول نقاط الدرس	٣-يدرس : أي يقوم بإلقاء الدرس بما فيه من حقائق ومفاهيم يتخللها أسئلة استرسالية. " أي أسئلة يوجهها المعلم لنفسه وي جيب عليها ويسترسل في الشرح" ٢-يعطي تعليمات وتوجيهات : ويتوقع من التلاميذ اتباعها وتنفيذهم لها . ٣-يوجه نقداً لسلوك التلميذ ويكون في صورة	١-يتكلم التلاميذ رداً على مبادرة المعلم : ويكون في صورة إجابة عن سؤال يوجهه المعلم ، أي أن المبادرة ليست من قبل التلميذ. ٢-يتكلم التلاميذ بتلقائية وبمبادرة ذاتية : وهنا تكون المبادرة من التلميذ لرغبته في الحوار. ٣-لحظات سكون أو

ويتقبل إجاباتهم.	سلوك غير صحيح (مرفوض) مع توضيح السبب.	فوضى أو عدم استقرار في الفصل ، وذلك في حالة تغيير النشاط.

تستخدم هذه البطاقة لملاحظة تكرار كل فئة من هذا الفئات ونسبتها ، وعن طريق مقارنة تكرارات الفئات المختلفة يتضح نمط التفاعل السائد في الفصل .

مهارة التفاعل غير اللفظي (**Non-verbal communication**) :

يشمل التفاعل غير اللفظي كل ما يصدر عن المعلم من حركات ، وإشارات وإيماءات وتعبيرات وجهه ، ولحظات صمته ، وابتسامته ، أو عبوسه .... إلخ ، وغير ذلك من أشكال التفاعل غير اللفظي ، التي لها دوراً مهماً في العملية التعليمية ، حيث تؤدي إلى تنويع المثيرات في الموقف التعليمي ، مما يزيد من فعاليته ، والتي تنعكس بالضرورة على زيادة تفاعل المتعلم ومشاركته بصورة أكثر إيجابية في العملية التعليمية .

وفي المقابل قد يكون هناك تفاعلا غير لفظي بين المتعلمين وذلك من خلال تعبيراتهم ، وتحركاتهم والتي يفهم المعلم من خلالها مشاعرهم وحاجاتهم ومدى استيعابهم واستجاباتهم لما عرض عليهم في الدرس دون أن ينطق أي منهم بكلمة واحدة .

ويمكن تحديد أهم المهارات الفرعية المكونة لمهارة التفاعل اللفظى وغير اللفظي كالتالي :

- ثقة المعلم بنفسه وتمتعه بطلاقة لغوية تعينه على التواصل الفعال مع المتعلمين .

- تنويعه لصوته بما يخدم الموقف التعليمي .
- استخدامه لتعبيرات وجهه يساعد التلاميذ على الفهم ويمدهم بتغذية راجعة تعبر عن مدى قبول المعلم لاستجاباتهم وسلوكهم.
- تحرك المعلم أثناء الدرس حركة محسوبة تساعد التلاميذ على المتابعة والتركيز .
- استخدام المعلم ليديه أثناء الشرح بطريقة مناسبة تساعد التلاميذ على الفهم .
- تخلل كلام المعلم لحظات من الصمت الهادف يساعد التلاميذ على التفكير والتركيز.

ولكي يحقق المعلم أقصى درجات التفاعل خلال الموقف التدريسي يجب عليه أن يوازن بمهارة بين أنماط التفاعل اللفظي ، وأنماط التفاعل غير اللفظي مع المتعلمين داخل حجرة الصف .

مهارة استثارة الدافعية للتعلم لدى الطلاب .

تعد الدافعية شرطاً أساسيا لحدوث التعلم الفعال ، ولذلك فهي تعتبر من أبرز مهارات التدريس الفعال وأهمها والتي يحتاج تعلمها لمعرفة واسعة عن مفهوم الدافعية ، وعن أساليب تحفيز الطلاب على التعلم ، ولتدريب طويل ومستمر لتطبيق هذه الأساليب في الفصول الدراسية كما تعد تحدياً كبيراً لكل معلم وذلك لاختلاف دوافع الطلاب الذين يتعامل معهم ومن ثم اختلاف أساليب إثارة الدافعية لكل منهم ، وعلى المعلم ضرورة النجاح في مواجهة هذا التحدي .

مفهوم الدافعية (Motivation) :

يوجد العديد من التعريفات لمصطلح الدافعية ، ويمكن بلورتها في أن : الدافعية هي تلك القوة الداخلية الذاتية التي تحرك سلوك الفرد وتوجهه لتحقيق غاية معينة يشعر بالحاجة إليها ، أو بأهميتها المادية أو المعنوية بالنسبة له ، وتستثار هذه القوة المحركة بعوامل تنبع من الفرد نفسه (حاجاته وخصائصه وميوله واهتماماته) أو من البيئة المادية أو النفسية المحيطة به (الأشياء والأشخاص والموضوعات والأفكار والأدوات).

شكل رقم (١٢) يوضح أبرز سمات الدافعية

سمات الدافعية

(١) الدافعية قوة ذاتية داخلية :
أي إنها لتعبر عن حالة ذاتية داخلة ولا نستطيع ملاحظتها مباشرة ، بل نستنتجها من قيام الفرد بسلوك معين

(٢) الدافعية تستثار بعوامل داخلية وعوامل خارجية:
أ-من أمثلة العوامل الداخلية حاجات الفرد (الحاجة لتحقيق الذات ، الحاجة للطعام) ، خصائصه (مستوى القلق لديه ، مستوى الطموح ..إلخ).
ب - بعض أمثلة من العوامل الخارجية : الحصول على جائزة أو مركز اجتماعي مرموق .

(٣) الدافعية قوة تحرك السلوك:
أي إنها تستثير طاقة الفرد للقيام بنشاط معين .

(٤) الدافعية قوة مستمرة توجه السلوك نحو غاية (هدف):
أي إنها لا تقتصر فقط على استثارة سلوك فرد للقيام بنشاط معين ولكنها تمتد لتحفيزه للاستمرارية في هذا السلوك حتى تتحقق الغاية لديه.

ولكي تتحقق الدافعية فإنها تمر بالمراحل التالية :

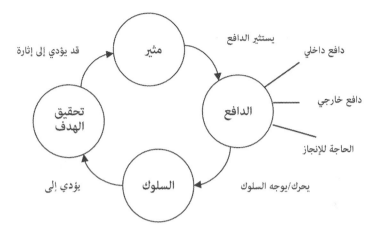

شكل (١٣) تمثيل مبسط لدورة الدافعية

المقصود بمهارة استثارة الدافعية للتعلم لدى الطلاب :

تشير هذه المهارة إلى مجموعة من السلوكيات (الأداءات) التدريسية التي يقوم بها المعلم بسرعة وبدقة وبقدرة على التكيف مع معطيات المواقف التدريسية ، بغرض إثارة رغبة الطلاب لتعلم موضوع ما ، وتحفيزهم على القيام بأنشطة تعليمية تتعلق به والاستمرار فيها حتى تتحقق أهداف تعلم ذلك الموضوع.

المبادئ الأساسية التي يتبعها المعلم لتنشيط الدافعية للتعلم ، والسلوكيات التدريسية المستندة إليها :

المبادئ الأساسية لتنشيط الدافعية	السلوكيات إليها
١- إن إقناع الطلاب بأهمية التعلم وفائدته يحفزهم على القيام بالأنشطة والمشاركة الجادة لتحصيل الأهداف	١- حث الطلاب بين الحين والآخر وخاصة في بداية الدرس على طلب العلم والاستزادة منه وبذل الجهد في تحصيله مع الاستشهاد كلما أمكن ببعض الآيات القرآنية والأحاديث النبوية
٢- إن توفير بيئة مادية صفية (ضوء ، حرارة ، تهوية..إلخ) ميسرة للتعلم تعمل على تحفيز التعلم لدى الطلاب.	٢- الحرص على تهيئة مناخ الصف الفيزيقي والاجتماعي ليكون إيجابيا ومدعماً لعملية التعليم : أ- تهيئة البيئة الصفية الفيزيقية (ضوء ، صوت ،تهوية ..) حتى تتحقق أفضل ظروف للتعلم. ب – توفير مناخ اجتماعي وإنساني محفز للتعلم.

مهارة توجيه واستقبال الأسئلة الصفية

يعتبر استخدام الأسئلة الصفية خلال عملية التدريس من أهم مهارات تنفيذ التدريس التي يتحتم على المعلم إجادتها ، وذلك لأهميتها في إنها تضع عقل الطالب موضع العمـل والتفكير النشط ، ومن ثم تكتمل دائرة الاتصال بين الطالب والمعلم ، وتـشتمل عـلى أربعـة مهارات فرعية هي :

١-مهارة إعداد أسئلة الدرس :

يجب على المعلم إعداد أسئلة الدرس مسبقا ضمن خطة الدرس مع ملاحظة ما يلي :

- ارتباطها بأهداف الدرس .

- شمولها لكل عناصر الدرس

- مناسبتها للمستوى العقلي للتلاميذ بما يشجعهم على المشاركة الفعالة .

- تنوعها من حيث مستويات التفكير لمراعاة الفروق الفردية بين التلاميذ.

- شمولها لجوانب التعلم المختلفة .

- محفزة على تفكير التلاميذ ومثيرة لانتباههم.

- عددها وزمن الإجابة عنها مناسبة لوقت الحصة .

- ترتيبها بشكل منطقي متتابع .

٢-مهارة صياغة أسئلة التدريس :

ينبغي على المعلم عند صياغته لأسئلة التدريس أن يراعي الآتي :

- صياغتها لغوياً وعلمياً بصورة صحيحة إجرائية تحدد بدقة مـا ينبغـي أن ينجـزه التلميذ.

- الوضوح والتحديد و البعد عن العمومية .

- ألا تكون مركبة .

- التدرج المنطقي والتوازن بين السهولة والصعوبة .

توجيه أسئلة التدريس :

تعتبر مهارة توجيه الأسئلة الجيدة عماد عملية التدريس الفعال ، فهي تنمي التحصيل الدراسي ، كما تنمي مهارات التفكير لدى الطلاب بشكل جيد ، لذا كان من الضروري إجـادة المعلم لمهارة طرحها والتي تتطلب منه مراعاة الآتي:

- اختيار الوقت المناسب لتوجيه الأسئلة وفقا لخطة الدرس .

- توجيه السؤال ببشاشة وبلغة بسيطة ومفهومة ومباشرة ومسموعة للجميـع .

- إلقاء السؤال بحماس وتشجيع .

- إلقاء الأسئلة بالسرعة المناسبة وفقا للهدف .

(السؤال الذي يتطلب تفكير عميق ، يلقيه المعلم بتأني ، أما السؤال الـذي لا يتطلب ذلك يلقيه المعلم بسرعة عادية)

- مراعاة العدالة عند توجيه الأسئلة لجميع التلاميذ لتشجيعهم علـى المـشاركة في الإجابة مع مراعاة الفروق الفردية .

- تنويع مستويات الأسئلة المطروحة .

- تنويع طرق توجيه الأسئلة (شفهيا ، تحريرياً ، عملياً ..)

- التوازن في طرح الأسئلة قبل الدرس للتحقق من مدى توافر متطلبات التعلم المسبقة اللازمة لتعلم موضوع الدرس الجديد وفي بداية الدرس لتحقيق تهيئة جيدة للطلاب للموضوع الجديد بهدف تركيز انتباههم وإثارة دافعيتهم للتعلم ، وفي أثناء الدرس لمعرفة مدى فهم ومتابعة التلاميذ للدرس لتصحيح الأخطاء أول بأول كما توجه في نهاية الدرس لمعرفة مدى ما تم تحقيقه من أهداف.

- التنبيه المناسب قبل توجيهها وخاصة في الأسئلة المتشعبة والتي تحتاج إلى تفكير عميق .

- عدم توجيه الأسئلة للتلاميذ بغرض العقاب .

- عدم توجيه أسئلة محبطة للتلاميذ والتي قد تشعرهم بالعجز .

- تنويع صياغة طرح الأسئلة مما يشجع التلاميذ على المشاركة الفعالة .

- لفت نظر التلاميذ إلى ضرورة الاستماع جيداً للأسئلة والتفكير بعمق قبل الإجابة .

- توجيه الأسئلة بطريقة عشوائية لمنع التوقع المسبق .

- إعادة صياغة السؤال بشكل آخر في حالة عدم فهم الغالبية العظمى من الطلاب للمفهوم من السؤال .

- إتباع قاعدة توجيه أسئلة أقل ، وفترات انتظار ومناقشة أطول .

مهارة استقبال إجابة الطلاب :

● قبل تقبل المعلم إجابات الطلاب يجب عليه الانتظار برهة والتنبيه على التلاميذ بضرورة التفكير جيداً وعدم التسرع في الإجابة .

- استماع المعلم لإجابات الطالب والإنصات له جيداً حتى يفرغ من إجابته وعدم التسرع أو مقاطعته أو طلب الإجابة من طالب آخر حتى لا يتسبب في إحباط الطالب وعزوفة عن المشاركة في الإجابة .

- بعد سماع الإجابة من الطالب يجب على المعلم التفكير في إجابة الطالب ثم التعقيب عليها ، لأن عدم التعقيب يشعر الطالب بإهمال المعلم لأفكاره ، وعدم تقديره لمشاركته ، وبالتالي تقل دافعيته للمشاركة مرة أخرى في الإجابة .

- البعد عن أسلوب التوبيخ والعنف مع الطلاب الذي لا يتوصلون إلى الإجابة الصحيحة ، وتوجيه أسئلة بديلة بسيطة تعينهم للوصول إلى الإجابة الصحيحة .

- من الضروري تشجيع المعلم للطلاب وإتاحة الفرصة لهم لطرح مزيد من التساؤلات حول موضوع الدرس ومناقشتهم فيها مع استخدام أساليب التشجيع المتنوعة من أجل تحقيق تعلم فعال .

مهارة إدارة حجرة الصف

تعد إدارة الصف من أهم مهارات تنفيذ التدريس التي يتحتم على المعلم إتقانها بما تتضمنه من مهارات فرعية عديدة وذلك لما لها من أثر كبير في سير عملية التدريس ومن ثم الوصول إلى تحقيق تعلم فعال في ضوء الأهداف المنشودة.

تعريف إدارة الصف :

تُعرف إدارة الصف بأنها مجموعة من الأنشطة التي يقوم بها المدرس داخل الصف لتنمية السلوكيات المرغوب فيها (الموجبة) وحذف أو تعديل

السلوكيات غير المرغوب فيها (السالبة) لدى التلاميذ ، وتكوين علاقات إنسانية صحيحة معهم ، وفيما بينهم بهدف تحقيق جو اجتماعي إيجابي فعال ومنتج مع المحافظة عليه حتى نهاية الحصة.

وفي ضوء ذلك فإن إدارة الصف بصورة فعالة تشير إلى كل السلوكيات الأدائية وعوامل التنظيم الصفي التي تقود إلى توفير وتهيئة بيئة تعليمية منظمة ومواتية لإحداث التعلم المرغوب فيه في ضوء الأهداف التعليمية المحددة .

مما سبق يتضح أن مفهوم إدارة الصف لا يقتصر فقط على التحكم الجيد في العنصر البشري (الطلاب) ولكن يتضمن العديد من العناصر التي يتطلب مراعاتها في ظل الإدارة الجيدة للفصل وهذه العناصر هي :

المعلم بما يملك من معارف ومهارات وخبرات وتكوين وجداني ونفسي ، الطلاب ، البيئية الفيزيقية للفصل ، زمن الحصة ، الوسائل التعليمية المتاحة ، المنهج الدراسي ، الأنشطة الصفية واللاصفية ..إلخ .

أهمية إدارة الصف :

تعتبر الإدارة الفعالة للصف شرطاً ضرورياً لحدوث التعلم الفعال ، ولهذا تتحدد كفاءة المدرس بمدى حسن إدارته للصف والمحافظة على النظام به ، وقد أوضحت الدراسات مزايا عديدة لإدارة الفصل الفعالة منها :

- إحداث التعلم الفعال ومن ثم تحقيق الأهداف المنشودة .

- مساعدة المتعلمين على النظام والانضباط وحسن إدارة الذات .

- استثمار وقت الحصة بفاعلية في أشطة الدرس والمختلفة .

- تكوين علاقات إنسانية جيدة بين المتعلمين بعضهم ببعض من جهة ، وبينهم وبين معلميهم من جهة أخرى مما يسهم في تكوين جو اجتماعي انفعالي إيجابي داخل حجرة الصف .

وفي ضوء تلك الأهمية يمكن تعريف مفهوم الانضباط الصفي كالتالي :

يقصد بالانضباط الصفي تهيئة البيئة الصفية الإيجابية التفاعلية بين المعلم وتلاميذه التي يسود فيها الاحترام المتبادل بين الطرفين والثقة والتقبل والتفهم بينهما ، حيث يشترك التلاميذ مع المعلم مشاركة فعالة في وضع التعليمات والأحكام الصفية التي تساعد على تقليل الفوضى ، وأيضاً تقليل السلوكيات غير المرغوب فيها من أجل تحقيق الأهداف المحددة المرغوبة ، أي أن الانضباط الصفي ليس هدفاً في حد ذاته ولكنه وسيلة لتحقيق الأهداف المنشودة .

مشكلات إدارة حجرة الصف :

تعد مشكلات إدارة الصف بطريقة جيدة من المشكلات التي يعاني منها الكثير من المعلمين ، وترجع للعديد من العوامل منها ما يتعلق بالمعلم ، ومنها ما يتعلق بالتلاميذ ، ومنها أيضا ما يتعلق بالبيئة الفيزيقية للصف ..إلخ ، وفيما يلي توضيحاً لتلك العوامل :

أولاً : فيما تتعلق بالمعلم :

قد يحدث عدم انضباط صفي ، ويشاغب الطلاب في الصف نتيجة عدة عوامل ترجع إلى المعلم منها :

● ضعف مستواه العلمي في مادة تخصصه مما ينتج عنه ارتباكه أثناء الشرح .

- ضعف شخصيته مما ينتج عنها عدم قدرته على الحزم في حسم الأمور .

- تدريسه بطريقة روتينية مملة تعتمد على الإلقاء وعدم استخدامه لطرق جذب الانتباه .

- سلوكه العدواني المستبد مع الطلاب وتتمثل في سرعة الغضب والضيق ونفاذ الصبر أثناء التدريس .

- لجوئه إلى العقاب الجماعي .

- تكليف الطلاب بواجبات تفوق قدراتهم مما يجعلهم يصابون بالإحباط .

- عدم مراعاة الموضوعية عند تقييم التلاميذ.

- عدم تحديده لقواعد وقوانين صفية منذ بداية العام الدراسي .

- اهتمامه وتفضيله لبعض الطلاب دون الآخرين أي التحيز في معاملة الطلاب .

- عدم مراعاته للفروق الفردية بين الطلاب .

ثانياً : فيما تتعلق بالطالب :

قد يحدث عدم انضباط صفي ويشاغب الطلاب نتيجة لعدة عوامل منها :

- الشعور بالضجر والتي تنتج عن الرتابة والجمود في حجرة الصف.

- رغبة الطالب في جذب الانتباه إليه ، وذلك عندما يرى إهمال المعلم له .

- الرغبة في الثأر والانتقام ويكون ذلك نتيجة لظلم وقع عليه .

- ضعف المثابرة لديه ، وينتج ذلك على عدم قدرته على التركيز في نشاط تعليمي واحد فترة طويلة .
- إفراطه الحركي وينتج ذلك عن زيادة نشاطه الحركي وعدم إعطائه الفرصة للحركة .

ثالثاً : فيما تتعلق بالبيئة الفيزيقية للفصل :

قد يحدث عدم انضباط صفي ويشاغب الطلاب نتيجة :

- كثرة عدد الطلاب بالصف ، مما يصعب مراقبتهم .
- سوء حالة الصف الفيزيقية : (ضعف الإضاءة ، سوء التهوية ، سوء المقاعد). مما يؤدي إلى عدم الشعور بالراحة أثناء التدريس ، وبالتالي ظهور سلوكيات الشغب .

أنماط وأساليب إدارة تعامل المعلمين مع الطلاب :

هناك العديد من أنماط وأساليب التعامل مع المتعلمين داخل حجرة الصف ، وهي تختلف من معلم إلى أخر حسب سماته الشخصية ، والنفسية والانفعالية ، أيضاً حسب قدراته واستعداداته وميوله وتفضيلاته وخبراته في التدريس ، ومستوى إعداده الأكاديمي والمهني والثقافي .

عادة ما يلجأ المعلمين إلى ثلاثة أنماط رئيسة وهي الأكثر شيوعا (النمط التسلطي ، النمط الفوضوي ، النمط الديمقراطي) ، وفيما يلي توضيحاً لكل نمط على حدة من حيث مواصفات المدرس في كل منها ، وتأثيره على التلاميذ ، ومن ثم التوصل إلى أفضل الأنماط لتحقيق الانضباط الصفي والتعلم الفعال :

(١) النمط التسلطي :

وهو أحد أنماط إدارة حجرة الدرس التي قد يتبعها بعض المعلمين خلال التدريس الذي يتصفون بالحزم والقسوة في معاملتهم مع الطلاب ولديهم قوانين وتعليمات تُفرض على جميع التلاميذ لتنفيذها بالقوة ، كما يستخدمون أساليب عقابية عديدة وقاسية ، ويراقبون التلاميذ لتصيد الأخطاء ، وهـم نـادراً مـا يمـدحون التلاميذ لاعتقادهم أن في ذلك تدليل يساعد التلاميذ على التهاون، كما أنهم لا يثقون في تلاميـذهم لاتخـاذ القـرار بمفردهم ممـا يؤدي إلى سلبيتهم بالإضافة إلى اعتمادهم في أساليبهم التدريسية على الصم الآلي

- ويتضح تأثير هذا النمط التسلطي على التلاميذ كما يلي :

- طاعة التلاميذ لسلطة المدرس مع إخفاء شعور الكراهية نحوه .

- اختفاء التعاون بين التلاميذ .

- قلة روح المبادرة والإبداع لديهم وذلك لاعتمادهم الكامل على المعلم .

- إشاعة جو من الخوف والكبت والقلق المستمر في أرجاء حجرة الدراسة .

النمط الفوضوى أو المتساهل :

هو أسلوب آخر من أساليب وأنماط التعامل مع المتعلمين داخل غرفة الصف الدراسي والتي قد يتبعها بعض المعلمين خلال التدريس حيث التساهل مع التلاميذ ، وعـدم وجـود قوانين أو معايير لضبط سلوك التلاميذ ، مع توفير أقصى قدر من الحرية للمتعلمين ، بحيث يعملون داخل الصف مـا يريدون عمله وفي أي وقت شاءوا دون توجيـه مـن المعلـم أو رقابـة علـى تصرفاتهم أو وضع قوانين

ت لضبط سلوكهم وعادة ما يتبع هذا الأسلوب المعلم ضعيف الشخصية أو المتهاون في أداء واجبه المهني .

ولهذا الأسلوب (الفوضوي) تأثيره على التلاميذ ، يمكن بلورته فيما يلي :

- ميل التلاميذ إلى العدوان وازدياد سلطة التلاميذ الأقوياء على الضعفاء والأصغر سناً مما يولد نوعاً من الكراهية .

- شعور التلاميذ بعدم الأمن في حجرة الدراسة نتيجة لعدم وجود قانون أو نظام .

- عمل كل تلميذ ما يرغب بمفرده نتيجة الحرية غير المقيدة واستحالة العمل كفريق.

- هروب التلاميذ من تحمل المسئولية .

- انخفاض الوازع الأخلاقي لدى التلاميذ.

النمط الديمقراطي (الشورى) :

وهذا الأسلوب هو (وسط بين النمطين السابقين) وينطلق هذا الأسلوب من احترام المدرس لشخصية المتعلم ، والعمل على تنميتها بكل السبل الممكنة ، كما أنه يتيح الفرصة للمتعلمين للتعبير عن أرائهم ومشاعرهم ، ويلجأ إلى الإقناع أثناء تفاعله مع طلابه ، كما أنه يعمل على إشاعة جو من الألفة والثقة والطمأنينة والتعاون المستمر بين الطلاب ، أيضاً فهو متعاون ويرحب بمشاركة تلاميذه في التخطيط واتخاذ القرارات الجماعية لجميع أفراد الفصل ، بالإضافة إلى أنه متسامح ومتسق في تعامله مع تلاميذه ويشجع العمل الجماعي ويقيم تلاميذه بموضوعية .

ولهذا الأسلوب أثره الواضح على التلاميذ حيث :

يقبل التلاميذ على التعلم برغبة صادقة وباحثة عن العلم والتحصيل ، كما أنهم يقبلون على ممارسة الأنشطة التعليمية بدافعية داخلية وشعور بالمسئولية فيزداد التعاون والتفاعل داخل الصف الدراسي ويحرصون على أداء واجباتهم على أكمل وجه في وجود المدرس أو عدم وجوده ، كما أنهم يعتمدون على أنفسهم في أداء الأعمال التي تسند إليهم ويمارسونها بحماس .

ولا شك أن إتباع المدرس لهذا الأسلوب الديمقراطي أثناء تفاعله مع تلاميذه في الصف سيكون له العديد من الآثار الإيجابية حيث تسود روح الصداقة والتعاون بين التلاميذ ، ويرتفع شعورهم بالوازع الديني ، كما يظهر التلاميذ حبهم لمعلمهم كصديق وليس رمز للسلطة ويكون ذلك ناتجاً عن حسن تعامله واحترامه وتعاطفه معهم ، أيضاً تزداد روح المبادرة والاستقلالية والنشاط لدى التلاميذ في العمل و الفكر ، وتزداد ثقتهم بأنفسهم ويرتفع مستواهم الأكاديمي ويكون لديهم القدرة على التعامل مع المشكلات بفكر ناقد واعٍ .

وفي ضوء ما سبق يتضح أن النمط الديمقراطي يعتبر من أفضل الأنماط لإدارة الفصل وأكثرها فاعلية لتحقيق الأهداف المنشودة .

مشكلات ومواقف محرجة أثناء عملية التدريس وكيفية مواجهتها بنجاح

عملية التدريس عملية تفاعليه إنسانية تحدث بين المعلم والمتعلم داخل الفصل الدراسي في مواقف التعليم والتعلم وأثناء هذا التفاعل والذي يتبلور في صورة أنشطة تدريسية قد يواجه المعلم بعض من المواقف المحرجة التي يستلزم ضرورة التدريب على مواجهتها وذلك لتحقيق الأهداف المرجوة بفاعلية ونجاح .

وفيما يلي عرضاً لبعض المواقف المحرجة وكيفية مواجهتها بنجاح :

١-((الرهبة من اللقاء الأول مع الطلاب))

لمواجهة ذلك بنجاح ابدأ اللقاء الأول بالإلفة والتواصل والتفاعـل المـشترك بينـك وبين الطلاب من أول وهلة وذلك عن طريق :

- الدخول إلى حجرة الفصل قبل الموعد المحـدد للقاء الأول بنحـو خمـسة إلى عشرة دقائق .

- الوقوف في مقدمة حجرة الصف بحيث يراك الطلاب وتراهم وعلى وجهـك ابتسامة خفيفة (طبيعية وليست مصطنعة) .

- البدء بالبسملة ثم الصلاة والسلام على نبيا محمد صلى اللـه عليـه وسـلم وعلى من أتبعه بإحسان إلى يوم الدين .

- التعريف بنفسك : اسمك ، تخصصك ، درجتك العلمية .

- التعريف بمسمى المادة التي ستتولى تدريسها وأهميتها في إعدادهم للقيـام بأدوارهم الحالية والمستقبلية .

- التعرف على أسماء الطلاب .

- السماح للطلاب بطرح أية استفسارات وتشجيعهم على طرح أسئلة.

- البـدء في وضـع القوانين والقواعـد العادلـة للسلوك القويم داخل الـصف الدراسي منذ الوهلة الأولى بالاشتراك مع الطلاب حتى يتولد لديهم الإحساس القوي بأنها نابعة منهم ومعبرة عن رغباتهم فيتبعونها ويلتزمون بها جميعا.

- إنهاء اللقـاء الأول بعبـارات تحمـل الأمنيـات الطيبـة للطلاب والتفـاؤل والاجتهاد في طلب العلم .

٢-((عدم القدرة على ضبط الصف))

لمواجهة ذلك :

يجب عليك التحلي ببعض الصفات ، أيضاً إتقان مهاراتك التدريسية ، أيضاً تعاملـك مـع الطلاب بطريقة صحيحة وفيما يلي توضيحاً لكلٍ على حدة :

أولاً : الصفات التي يجب أن تتحلى بها وتساعدك على ضبط الصف :

- كن قدوة أمام طلابك من حيث المظهر والالتزام باتباع القوانين .

- تحل بالصبر وعدم الانفعال .

- لا تدخل الفصل وعلى وجهك علامات العبس و التشاؤم.

- لا تبخل على طلابك بمعلوماتك وخبراتك حيث يزداد ارتباطهم بـك بقدر مـا تعطيهم من معلومات تفيدهم .

- كن مرح وبشوش في الأوقات التي تستلزم ذلك ، وكون علاقـات حميمـة مـع طلابك .

- لا تتأخر عن موعد بداية الحصة وحافظ على التوقيت الزمني للحصة .

- اجعل توقعاتك الذاتية إيجابية نحو التدريس وتوكل على الـلـه .

ثانياً : مهاراتك التدريسية التي يجب أن تتقنها وتساعدك على ضبط الصف قبـل البدء في الدرس :

- نظم فصلك بطريقة تتناسب وإعداد الطلاب.

- هيئ البيئة المادية للفصل والتي تسمح لجميع الطلاب بالمشاركة الإيجابية والتعلم النشط.

- خطط لدرسك جيداً .

- جهز وسائلك التعليمية قبل الحصة مع مراعاة التنويع مما يساعد على جذب انتباه الطلاب وضمان متابعتهم للدرس .

- جهز مواد تعليمية إضافية لمراعاة الفروق الفردية .

أثناء الدرس :

تمكن من مادتك العلمية التي تقوم بتدريسها .

- ابدأ درسك بنشاط وحيوية وتهيئة جذابة .

- نوع في أساليب تدريسك تبعاً للموقف .

- راع الفروق الفردية .

- اربط بين ما يدرسه الطالب ومواقف حياته اليومية وبيئته .

- حافظ على الاتصال البصري مع طلابك .

- ابدأ مع طلابك بحزم ومرونة معاً لكي تحقق التقدير والاحترام .

- استخدم أنشطة تدريسية متنوعة .

- استخدم أساليب تقييمية متنوعة .

ثالثاً : الطريقة الصحيحة التي يجب اتباعها عند التعامل مع الطلاب لتحقيق الانضباط الصفي :

- التعرف على خصائص الطلاب .

- احترام شخصية الطالب والعمل على تنميتها بكل السبل .

- إتاحة الفرصة للمتعلم للتعبير عن أرائه ومشاعره .

- استخدام أسلوب الإقناع عند التفاعل مع الطلاب.

- العمل على إشاعة جو من الألفة والثقة والطمأنينة والتعاون المستمر بين الطلاب جميعاً .

- تقييم الطلاب بموضوعية والابتعاد عن الذاتية .

- ضرورة توخي العدل والحياد عند التعامل مع الطلاب.

- تجنب عقاب الطلاب بشكل جماعي .

- تجنب التسرع الانفعالي في معالجة المشكلات الطارئة والتحلي بالصبر.

- الحرص على الثناء على الأعمال والسلوكيات الجيدة .

- عدم إشاعة جو من الإحباط وإعطاء الفرصة للطالب للمشاركة قدر استطاعته.

- تجنب التحدي والتهديد

- عدم إخراج طالب من الفصل لسوء سلوكه .

- مراعاة تناسب العقاب مع سوء السلوك المرتكب.

- مراعاة الحزم والاتساق في إعطاء العقاب لجميع الطلاب دون تفرقة.

- إعطاء تكليفات مناسبة لقدرات الطلاب وضرورة متابعتها .

٣-((ذكر المعلم معلومة غير صحيحة للطلاب وتصحيح أحد الطلاب للمعلومة))

لمواجهة الموقف :

- ضرورة تأكد المعلم من عدم صحة المعلومة التي ذكرها ، وعدم المكابرة والإصرار على الخطأ .

- في حالة تأكده من عدم صحة المعلومة يشكر الطالب الذي صوب له المعلومة ، ويخبر بقية زملائه أنه طالب منتبه ومجد ، ويتمنى لجميع الطلاب أن يكونوا منتبهين مثله .

- يمكنك إخبار الطلاب بأنك ذكرت هذه المعلومة غير الصحيحة لاختبار مدى انتباههم للدرس.

٤-((نسيان المعلم فجأة ما كان يقوم بشرحه وعدم استطاعته التكملة))

لمواجهة ذلك : يمكن للعلم اتباع ما يلي :

- توجيه سؤال للطلاب يحتاج إلى تفكير متعلق بما تم شرحه ويحتاج إلى تفكير لانشغالهم حتى يعطي لنفسه الفرصة لتذكر ما تم نسيانه واسترجاع النقطة التالية .

    - سؤال المتعلمين مباشرة ... ماذا كنا نقول ؟
    - إعادة شرح النقطة السابقة حتى يتذكر ما يليها .
    - الرجوع إلى دفتر التحضير (للضرورة القصوى) لتذكر المعلومة .
    - وضع لوحة على السبورة تتضمن الإطار التنظيمي لعناصر الدرس.

٥-((استفزاز الطالب للمعلم بتصرف معين))

لمواجهة ذلك يجب :

- احتفاظ المعلم بهدوئه مهما كان التصرف مستفزاً.
- السيطرة على الموقف منعا لتفاقمه .
- تجنب العنف فإن ذلك قد يزيد الموقف توتراً واشتعالاً .
- تجنب التحدي و التهديد والتمتع بالتسامح .

- ضرورة معرفة سبب حدوث هذا التصرف الاستفزازي حتى يتم معالجة الأسباب.

- التفكير بهدوء في اتخاذ القرار المناسب للرد.

- اختيار أنسب أساليب العقاب مع مراعاة تناسب العقاب مع سوء السلوك المرتكب.

- عدم التغاضي عن الموقف إلا عندما يكون بسيطاً أو عفوياً غير مقصود ، وغير متعمد.

- عدم اللجوء إلى الإدارة إلا عند الضرورة القصوى .

٦-((عند توجيه المعلم أسئلة للطالب ويرفض الإجابة))

ولمواجهة ذلك :

- التزم الهدوء التام وعدم الانفعال ومحاولة تفهم أسباب قيام الطالب بهذا الأسلوب ، وإن وجدت لها عذراً مقبولاً فيمكنك التغاضي عن الموقف ، وإن لم تجد لها مبرراً لتصرفه فعليك بما يلي :

- معرفة السبب ، فقد يكون صعوبة السؤال .. وهنا يجب عليك تأكيد ثقة الطالب بنفسه ، وتشجيعه وتقوية شخصيته ، وذلك عن طريق طرح سؤالاً سهلاً لضمان قدرة الطالب على الإجابة .

- تعزيز الطالب وتحفيزه معنويا باستخدام الكلمات التشجيعية أو ماديا للإجابة أوالمشاركة في الإجابة .

- تغيير صيغة "السؤال " فقد تكون غير مفهومة .

- إعادة طرح السؤال ، فقد تكون سرعة إلقاء السؤال غير مناسبة .

- تجزئة السؤال ، فقد يكون السؤال مركب مما يصعب الإجابة عليه .

٧-((ذكر الطالب إجابة السؤال جزء بها صحيح وجزء غير صحيح))

لمواجهة ذلك :

- تزويد الطالب ببعض التلميحات التي تساعده على تبيان الجزء غير الصحيح من الإجابة .. ومن ثم تصحيحه .

- أو توجيه المعلم للطالب بأن إجابته بها جزء صحيح وآخر غير صحيح ويطلب منه التفكير في الجزء غير الصحيح .

- أو توجيه السؤال إلى بقية الطلاب ليتولى أحدهم الإجابة على الجزء غير الصحيح .

- أو تبيان وجه الصواب والخطأ في الإجابة وتصحيح الخطأ مباشرة

٨-اكتشاف المعلم أن الدرس الذي خطط له وبدأ في شرحه للطلاب تم شرحه مسبقاً

لمواجهة ذلك :

- إما أن ينتقل إلى شرح الدرس الجديد بعد اعتذاره للطلاب وذلك في حالة إذا كان مستعداً لذلك .

- أو أن يستثمر الحصة في عمل مراجعة عامة .

٩-عدم القدرة على استخدام الوسيلة التعليمية بطريقة صحيحة :

لمواجهة ذلك يمكنك اتباع ما يلي :

- ضرورة فحص الوسيلة جيداً .

- تجريب عرض الوسيلة قبل استخدامها في الدرس تجنباً لوجـود أي عيـب بهـا أو في ظروف عرضها مما قد يـؤدي إلى عـدم توظيفهـا في الموقـف التعليمـي بشكل جيد وبالتالي الإخفاق في تحقيق أهداف الدرس .

- تحضير البيئة الفيزيقية لقاعة عرض الوسيلة .

- تهيئة الطلاب عقليا قبيل عرض الوسيلة لزيادة دافعية التعلم .

- عرض الوسيلة على الطلاب والتأكيد على المشاركة الإيجابية لهم أثناء العـرض .

- ضرورة مناقشة الطلاب بعد عـرض الوسيلة للتأكـد مـن استفادتهم لمـا تـم عرضه .

تذكر جيدا :

- عندما تستخدم وسيلة تركـز علـى الصـوت (أي حاسـة السـمع) فقط فإن المتعلم يسمع وقد ينسى .

- وعندما ستخدم وسيلة تركـز على الرؤية (حاسـة البصـر) فقـط فإن المـتعلم يرى فيتذكر .

- أما عندما تستخدم وسيلة تركـز علـى حاسـتي السـمع والبصـر بالإضافة إلى التجريب والعمل فإن ذلك يساعد المتعلم على الاكتشاف واستخدام المعرفة وبالتالي فهم وتثبيت أكثر للمعلومة.

١٠- عدم القدرة على تشغيل جهاز أمام الطلاب :

لمواجهة ذلك يمكنك اتباع ما يلي :

- ضرورة فحص الجهاز جيداً والتأكد من مناسبة فولت المكان لفولت الجهاز لأن عدم المناسبة قد يؤدي إلى إما احتراق الجهاز ، وأما عدم تشغيله .

- التأكد من سلامة الأسلاك الموصلة للجهاز منعاً لحدوث أي تماس كهربائي.

- ضرورة التأكد من توافر جميع إمكانات عرض الجهاز وتشغيله وتوفير بعض البدائل احتياطياً لمواجهة أية ظروف طارئة .

- تجريب الجهاز قبل استخدامه أثناء الدرس .

- التدريب على كيفية استخدام الجهاز في ضوء الهدف المحدد.

١١-إجابة الطالب إجابة غير صحيحة على السؤال الموجة إليه :

لمواجهة ذلك :

- عدم التسرع بالقول للطالب أن أجابتك خاطئة وعدم إحباطه .

- يُطلب من الطالب التفكير مرة أخرى في السؤال مع تشجيعه لفظياً .

- إعادة صياغة السؤال بعبارات أسهل .

- تجزئة السؤال إلى عدة أسئلة فرعية .

- إعطاء سؤال آخر .٠أي تغيير السؤال بآخر) بحيث يكون له علاقة بالسؤال الأصلي.

- طرح سؤال سابر (أو عدة أسئلة سابرة) تساعد الطالب على اكتشاف الخطأ ومن ثم تصحيحه بنفسه .

- إعطاء تلميحات لفظية مباشرة تسهل على الطالب تصحيح إجابته بنفسه .

١٢-عدم القدرة على إدارة الوقت وتوظيفه بطريقة مثلى أثناء الشرح :

لمواجهة ذلك :

لابد من التعرف على مضيعات الوقت حتى يمكن تلافيها وهي كالتالي :

أ-استغراق وقت وطويل لضبط الصف في بداية الدرس يمكن تلافي ذلك عن طريـق استخدام طرقاً متعددة لجذب الانتباه ، أيضاً توظيف القواعـد والقوانين الصفية التي تم تحديدها في اللقاء الأول .

ب- القصور في اختيار الوسائل التعليمية وتجهيزها قبل الدرس وإعداد التجهيـزات اللازمة لاستخدامها مسبقاً مما ينتج عنه إضاعة الكثير من الوقت .

ويمكن تلافي ذلك عن طريق تجهيـز الوسيلة قبـل الـدرس وتجريبها لـضمان جودتها .

ج- إعادة شرح المعلومة أكثر من مرة دون سبب جوهري مـما يـنتج عنه إضاعة الكثير من وقت الحصة .

ويمكن تلافي ذلك عن طريق عدم إعادة شرح المعلومة إلا إذا كان هناك نسبة كبيرة من الطلاب لم يفهمونها .

د- عدم الاستعانة بأدوات الشرح (أمثلة -تشبيهات - وسائل) مـما ينتج عنه زيـــادة في الوقـــت المخـــصص لـــشرح وتوضيــح المعلومـــات

ويمكن تلافي ذلك عن طريق استخدام أدوات الشرح المناسبة وذلك لتحقيق سرعة الفهم ومن ثم الاقتصار في الوقت .

هـ - كثرة استئذان الطلاب للخروج من الصف .

مما ينتج عنه عدم فهمهم لبعض النقاط في الدرس وبالتالي ضرورة إعادة الشرح مرة أخرى مما ينتج عنه إضاعة الوقت .

لتلافي ذلك يكون من الضروري وضع قواعد للاستئذان بما يحافظ على وقت الحصة .

١٣- عدم الثقة بالنفس أثناء الشرح :

هناك العديد من الأسباب التي قد تؤدي إلى عدم الثقة بالنفس منها الخوف والقلق ، تهويل الأمور والمواقف ، الإحساس بالضعف والشعور بالنقص ، الاتجاهات السلبية من قبل المحيطين من وجهة نظر الفرد نفسه ، التدني في المستوى الدراسي وتلقي بعض الانتقادات .

ولمواجهة ذلك يمكن اتباع ما يلي :

- كون مفهوم إيجابياً عن ذاتك في ضوء الواقع .

- الاهتمام بآراء الآخرين ومحاولة الاستفادة من الصحيح منها .

- التشجيع المستمر للذات والإصرار على النجاح .

- التركيز على المهام التي تستطيع انجازها .

- الانتهاء من الأعمال التي تُطلب منك وعدم تأجيلها .

- حدد أهدافك بواقعية والتي تتناسب مع قدراتك ووقتك ويمكنك انجازها حتى لا تصاب الإحباط .

- كن مرن عند وضعك خطة أعمالك لتفادي المواقف الطارئة.

- قيم ذاتك باستمرار لتحديد نقاط القوة لتدعيمها ونقاط الضعف لمواجهتها والتغلب عليها .

- حاول اكتساب مهارات جديدة .

- كن صبور ، وذو إرادة عالية لمواجهة الإحباط .

- اشعر نفسك بالأمل والتفاؤل .

- كن واثق أن الله تعالى معك واشكره على نعمه .

١٤-الانتهاء من شرح الدرس قبل انتهاء الزمن المحدد للحصة :

لتجنب ذلك يجب مراعاة ما يلي :

- قراءة الدرس قراءة متأنية واستيعابه جيداً .

- التخطيط للدرس مع تقسيم زمن الحصة على عناصر وأنشطة الدرس .

- في حالة قلة المحتوى العلمي للدرس يمكنك زيادة عدد الأنشطة المصاحبة أثناء تخطيطك للدرس ، أي لا تكون عشوائية وذلك لضمان انتهاء الدرس في الوقت المحدد .

- استكمال زمن الحصة في عمل مراجعة للدرس الذي تم شرحه ومناقشة الطلاب في المعلومات المتضمنة به .

١٥-انتهاء زمن الحصة قبل الانتهاء من شرح الدرس :

لتفادي ذلك يجب عليك مراعاة ما يلي :

- خطط الزمن في مرحلة التخطيط مع كل مرحلة من مراحل الدرس .

- استوعب درسك جيداً ، وحاول الاستفسار عن كل شيء لم تفهمه من أستاذ المادة .
- خطط لدرسك جيداً ..مع تقسيم زمن الحصة على أنشطة الدرس ، وهذا يساعدك على إعطاء كل عنصر الوقت الكافي وعدم الإسهاب في شرح عنصر على حساب عنصر آخر .
- لا تستغرق وقت طويل في بداية الحصة لضبط الصف وذلك عن طريق استخدام طرق متعددة لجذب الانتباه .
- لا تستغرق وقت طويل عند عرضك للوسيلة وذلك يتطلب منك تجهيزها وإعداد التجهيزات اللازمة لاستخدامها مسبقاً وأيضاً تجريبها قبل بدء الدرس .
- استعين بأدوات الشرح المساندة مثل التشبيهات والأمثلة والوسائل وذلك لتحقق سرعة الفهم ومن ثم الاقتصاد في الوقت .
- إذا اقترب زمن الحصة من الانتهاء حاول أن تتوقف عن الاسترسال في الشرح وإنها ء العرض حتى تستكمل باقي عناصر أو مراحل الدرس الأخرى .

١٦-في نهاية الدرس وبعد انتهاء المدرس من شرح الدرس يفاجأ عند توجيه الأسئلة للتأكد من الإجابة لعدم فهمهم لما تضمنه الدرس من معلومات ..

لمواجهة ذلك :

يجب عدم تركيز جميع الأسئلة في نهاية الدرس وبعد انتهاء الشرح ولكن يجب :

(١) توجيه الأسئلة قبل البدء في شرح الدرس :

أ- لاسترجاع ما قد تم للتلاميذ دراسته في الدرس السابق وله علاقة بالدرس الحالي ، وذلك للتأكد من فهمهم الصحيح لما تم دراسته وتذكرهم له وتحقيق تكامل الخبرة واستمرارها .

ب- للتعرف على ما لدى التلاميذ من معلومات سابقة متطلبة لتعلم المحتوى الجديد.

(٢) توجيه الأسئلة أثناء الشرح :

أ- ويكون ذلك عقب الانتهاء من شرح كل عنصر للتأكد من مدى فهم الطلاب لما تم شرحه قبل الانتقال إلى العنصر التالي (تغذية راجعة) ، وتعتبر إجابات الطلاب بمثابة مؤشر على مستوى فهمهم والذي قد يتطلب في بعض الأحيان تغيير طريقة الشرح ، أو استخدام وسيلة تعليمية أو ...إلخ .

ب- أسئلة مفاجئة أثناء الشرح وذلك لضمان استمرارية انتباه يقظة ومتابعة التلاميذ للشرح .

(٣) توجيه أسئلة في ختام الدرس :

وذلك للتأكد من مدى تحقيق أهداف الدرس على أن يراعي فيها التنوع لقياس مستويات التفكير المتنوعة وعدم التركيز على المستويات الدنيا في التفكير (التذكر) .

الفصل السابع

مهارات تقويم نتاجات التدريس

الفصل السابع

مهارات تقويم نتاجات التدريس

- مفهوم التقويم
- أهمية التقويم
- أساليب تقويم التدريس
- مجالات تقويم التدريس
- مراحل التقويم خلال عملية التدريس
- الواجبات المنزلية .
- شروط التقويم الجيد

الأهداف :

في نهاية هذا الفصل ينبغي أن يكون كل طالب قادراً على أن :

- يحدد مفهوم التقويم .
- يستنتج أهمية التقويم
- يشرح أساليب تقويم التدريس
- يحدد مجالات تقويم التدريس .
- يوضح مراحل التقويم خلال عملية التدريس
- يوضح المقصود بالواجبات المنزلية ومبرراتها .
- يستنتج شروط التقويم الجيد.

الفصل السابع

مهارات تقويم نتاجات التدريس

تمهيد:

يعتبر التقويم من أهم جوانب العملية التربوية بصفة عامة، ومـن أهـم مهارات عمليـة التدريس بصفة خاصة، والتي يجب على المعلم إتقانها للحكم على جودة تدريسه، ومدى تحقيقه للأهداف، وعلى الرغم من كون التقويم المرحلة الثالثة في منظومة التدريس التي بدأت بمرحلة التخطيط ثم التنفيذ، إلا انه مستمر مع المرحلتين السابقتين، ويعتبر المحك الأساسي للتأكد من مدى تحقق الأهداف التعليمية المنشودة.

مفهوم تقويم التدريس:

قبل تحديد مفهوم تقويم التدريس لابد أولا من توضيح مفهوم التقـويم التربـوي، وذلك لان العلاقة بينهما كعلاقة الخاص بالعام، إذ أن الفرق بينهما في الدرجة وليس في النوع.

ومن أوضح تعريفات التقويم التربوي وأكثرها إجرائيـة وتحديـداً وانـسجاما مـع فكـرة المنظومة التربوية هو تعريف التقويم التربوي على انه عملية منظوميـة يتم مـن خلالهـا إصدار حكم دقيق وموضوعي على منظومة تربوية معينة أو على أحـد عناصرهـا بغيـة اتخاذ قرارات تتعلق بإدخال تعديل أو إصلاح لما يتم الكشف عنه من قصور وخلل.

وفي ضوء هذا التعريف الشامل للتقويم التربوي يمكن تحديد

مفهوم تقويم التدريس على انه عملية منظومية يصدر من خلالها حكم على منظومة تدريس ما أو أحد مكوناتها أو عناصرها بغية إصدار قرارات تتعلق بإدخال تحسينات أو تعديلات أو إصلاح لما يتم الكشف عنه من قصور أو خلل في تلك المنظومة أو بعض عناصرها بما يحقق الأهداف المرجوة من تلك المنظومة.

فالتقويم يعبر عن قدرة المعلم على الحكم على فعالية العملية التعليمية وعلى المواقف التعليمية وعلى النتائج والمخرجات، ومدى تماشى هذه المخرجات مع الأهداف المنشودة، وكذلك قدرته على تفسير تلك النتائج ومعرفة أسبابها كماً ونوعاً، وبالتالي الوقوف على نقاط الضعف في محاولة التغلب عليها، وتدعيم نقاط القوة بما يحقق الأهداف المنشودة، أى أن التقويم يهتم بجميع جوانب العملية التعليمية في شمولها وتكاملها، وذلك في ظل الاتجاه المنظومى، فيجعلها منظومة واحدة متشابكة الأطراف، فهو مرتبط بطرق واستراتيجيات التدريس، وأنشطة التعلم،والأهداف والمحتوى والوسائط التعليمية، من خلال مرحلتي التخطيط والتنفيذ، وهو عملية مستمرة ونهائية، وفى ضوء النتائج والتغذية الراجعة يمكن الوصول إلى الجودة في عملية التدريس في ضوء الأهداف المحددة المراد تحقيقها.

أهمية تقويم التدريس:

يمكن تحديد أهمية تقويم التدريس في النقاط التالية :

١- الكشف عن ميول وقدرات واستعدادات التلاميذ.

٢- تحديد مواطن القوة والضعف لدى التلاميذ.

٣- تعديل وتحسين الطرق والأنشطة المصاحبة للمنهج.

٤- تزويـد أوليـاء الأمـور بمعلومـات عـن مـدى تقـدم أبنـائهم والـصعوبات التـي تواجههم.

٥- تزويد صانعي القـرار في المجـال التربـوي بنتـائج التقـويم وذلك بهـدف تطـوير العملية التعليمية.

٦- الحكم على مدى فعالية التجارب التربوية قبل أن تطبق عـلى نطـاق واسـع مـما يقلل من التكلفة والوقت والجهد.

٧- يساعد في الحكم على قيمة الأهـداف التعليميـة التـي تتبناهـا المدرسـة، ومـدى مراعاتها لخصائص المتعلمين،وطبيعة المادة الدراسية وطبيعة المجتمع.

٨- المساعدة في تحديد مسار حدوث التعلم وذلك مـن منطلـق أن التقـويم يوجـه نظر التلاميذ إلى النقاط المهمة في الدرس والتي يسعى الدرس إلى تحقيقها.

٩- التعرف على كفاية المعلم في وظيفته مما يترتب عليه تعديل مناهج إعداد المعلم ووضع برامج للتدريب إثناء الخدمة.

.أساليب تقويم التدريس:

يقصد بأساليب تقويم التدريس تلك الأساليب التي تهتم بتقويم نتاجات التعلم الخاصـة بالمتعلمين في المجالات الآتية:

١- المجال العقلي المعرفي

٢- المجال النفسحركي

٣- المجال الوجداني

ولكل مجال من المجـالات السـابقة أسـاليب وأدوات تقويم تناسبه وفيما يلي توضيحاً لذلك:

أولا: أساليب تقويم نتاجات التعلم العقلي المعرفي:

تمثل نتاجات التعلم العقلية المعرفيـة أهـم الجوانـب التـي تسـعى التربيـة إلى تعهدها وإنمائها في شخصية المتعلم. لذلك فقد تم التركيز عليها بصورة ملحوظة في الممارسات التربوية منذ القدم، بل أقدم المناهج المدرسية، وهو مـنهج المـواد الدراسية قائم عليها. وقد ترتب على هذا الاهتمام أن ابتكر لها التربويون أدوات وأساليب عديدة لقياسها وتقويمها ومتابعة نموها في المتعلم. ومن أهم تلك الأساليب التقويمية وأكثرها ممارسة في مدارسنا الاختبارات التحصيلية بأنواعها المتعددة، وفيما يلي توضيحاً لتلك الاختبارات.

الاختبارات التحصيلية

يعرف التحصيل بأنه مدى ما تحقق لدى المتعلم من الأهداف التعليمية، نتيجة لدراسته موضوعاً من الموضوعات الدراسية، وعليه يمكن **تعريـف الاختبـار التحـصيلي** بأنه الأداة التي تستخدم لقياس المعرفة والفهم والمهارة في مادة أو مواد دراسية أو تدريبية معينة.

وتنقسم الاختبارات التحصيلية بصورة عامة إلى نوعين أساسيين هما :

١- الاختبارات الشفهية

٢- الاختبارات التحريرية: والتي تنقسم بدورها إلى نوعين:

أ- الاختبارات المقالية

ب- الاختبارات الموضوعية: والتي تنقسم بدورها هي الأخرى إلى أربعة

أنواع هي:أسئلة الصواب والخطأ، وأسئلة الاختيار من متعدد، وأسئلة المزاوجة،

وأسئلة التكملة والشكل التالي يوضح تلك التقسيمات:

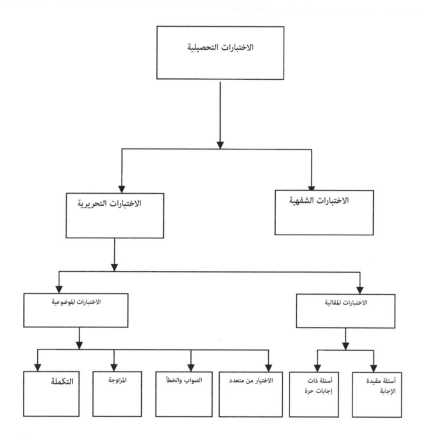

شكل رقم(١٤) يوضح أنواع الاختبارات التحصيلية

أولا:الاختبارات الشفهية

تعد الاختبارات الشفهية من أقدم أنواع الاختبارات التي استخدمت في تقويم نواتج التعلم العقلية المعرفية، حيث يقوم المعلم بإلقاء بعض الأسئلة الشفهية على التلاميذ، ويطلب منهم الإجابة عنها بصورة شفهية لمعرفة مدى فهم المتعلم للمادة الدراسية، ومدى قدرته على التعبير عن نفسه.

وتكمن أهمية الاختبار الشفهي في انه يمثل علاقة مباشرة، وتفاعلاً حيوياً بين المعلم والمتعلم،يمكن من خلاله قياس قدرات المتعلم بصورة شفهية تعجز عنها الاختبارات الأخرى، مثل القدرة على القراءة، والنطق،والقدرة على تلاوة القرآن وتفسيره، وإلقاء الشعر،ومناقشة البحوث، والتقارير،والقدرة على إدارة المناقشات والندوات وغيرها.

ويستخدم المعلم الأسئلة الشفهية بكثرة في عملية التدريس وبأهداف مختلفة منها:

- معرفة ما لدى التلاميذ من معلومات سابقة

- معرفة مدى متابعة التلاميذ لشرحه ومدى استيعابهم

- تشجيع التلاميذ عند التعبير عن أرائهم وأفكارهم

- قياس مدى ما تحقق من الأهداف

لذلك يستخدمها المدرس قبل الدرس،وفي أثناء الدرس، وفي نهاية الدرس، ومن ثم فهي تعتبر من أفضل طرق التقييم المستمر والتكويني،   لذا كان من الضروري على المعلم أن يهتم بتنمية مهاراته لصياغتها وتوجيهها بطريقة صحيحة،مما يساعد التلاميذ على تحقيق الأهداف العقلية المعرفية بمستوياتها المختلفة.ويمكن توضيح ذلك فيما يلي:

التوظيف النوعي للأسئلة الشفهية في مراحل الدرس المختلفة

أولا : قبل البدء في الدرس الجديد	**ثانيا:** بداية الدرس الجديد	**ثالثا :** في أثناء الدرس	**رابعا :** في نهاية الدرس
يلقي المعلم أسئلة للتحقق من مدى توافر متطلبات التعلم المسبقة اللازمة لتعلم موضوع الدرس الجديد والتي بدونها يصعب حدوث التعلم الجديد بالكفاية المتوقعة.	يوظفها المعلم لتهيئة الطلاب لموضوع الدرس الجديد بغية تركيز انتباههم وإثارة دافعتيهم لدراسته	حيث يطرحها المعلم ليعطي الفرصة للطلاب لاستكشاف المعلومات بأنفسهم أثناء الشرح (أسئلة استكشافية). -تستخدم لتحقيق الاستمرارية والتكامل بين نقاط الدرس. -يوظفها المعلم لمعرفة مدى فهم ومتابعة الطلاب أثناء الدرس لتصحيح الأخطاء أول بأول (أسئلة المتابعة). تستخدم لتنمية مهارات المناقشة والحوار أثناء الدرس . -تستخدم لتنمية قدرات التلاميذ على التساؤل (طرح أسئلة) وتسمى أسئلة مولدة لأسئلة الطلاب . -تستخدم لتنمية أنواع التفكير العليا (أسئلة تقويمية) (تقويم بنائي). -تستخدم كأحد أساليب ضبط سلوك التلاميذ في الصف (أسئلة ضبط السلوك)	-تستخدم في مراجعة الدرس. -تستخدم في تقويم التعلم النهائي لاختبار مدى بلوغ الأهداف النهائية . -أسئلة تحضيرية للإعداد للدرس المقبل. -تمرينات وأسئلة (واجب منزلي) لتثبيت وتدعيم التعلم.

وفي ضوء ما سبق يمكن التوصل إلى أهم مميزات الاختبارات الشفهية

مميزات الاختبارات الشفهية:

أكد العديد من التربويين على أهمية استخدام الاختبارات الشفهية إلى جانب أنواع الاختبارات الأخرى وذلك للمزايا التالية:

١- تعطي صورة دقيقة عن قدرة المتعلم على القراءة والنطق والتعبير.

٢- تساعد في قياس قدرة التلميذ على المناقشة والحوار وسرعة التفكير والفهم، وربط المعلومات واستخلاص النتائج.

٣- تسهم في تقويم الأطفال في رياض الأطفال والصفوف الأولى من المرحلة الابتدائية.

٤- تجعل التقويم عملية مستمرة من بداية الدرس إلى نهايته.

٥- تساعد على تصحيح أخطاء المتعلمين في حينها من خلال الحوار والمناقشة.

٦- تتيح للمعلم الفرصة لتوجيه اكبر عدد من الأسئلة إلى تلاميذ الفصل الواحد.

٧- يستطيع المعلم من خلالها التمييز بين المتعلمين المتقاربين في مستوياتهم.

٨- تقدم الأسئلة الشفهية تغذية راجعة فورية للمعلم أثناء شرحه ، حيث يعرف مدى فهم طلابه للمادة الدراسية.

٩- لا تسمح الاختبارات الشفهية بالغش لأنها تتم أمام الجميع وبصورة مباشرة.

١٠- لا تحتاج الاختبارات الشفهية إلى وقت وجهد في إعدادها.

وبالرغم من تلك المزايا إلا أنها لها بعض العيوب

عيوب الاختبارات الشفهية:

وجهت العديد من الانتقادات للاختبارات الشفهية أهمها:

١- تتأثر بذاتية المعلم بدرجة كبيرة سواء في صياغة الأسئلة **أو** تقدير الدرجات، مما يترتب عليه قياس غير موضوعي لمستوى المتعلم.

٢- تستغرق وقتاً طويلاً في إجرائها خاصة في الفصول ذات الأعداد الكبيرة من الطلاب.

٣- افتقار الأسئلة إلى الشمولية في تغطية المحتوى.

٤- تتفاوت الأسئلة الشفهية من حيث درجة سهولتها وصعوبتها من تلميذ لآخر مما يجعلها غير عادلة، أو غير متكافئة لجميع التلاميذ.

٥- قد لا يعطى المعلم المتعلم وقتاً كافياً للتفكير في الإجابة.

٦- تتأثر إجابة الطالب بعوامل الخوف والخجل والارتباك والقلق ما يعطى صورة غير صادقة عن مستواه العلمي.

٧- لا تشمل جميع التلاميذ.

تحسين الاختبارات الشفهية:

للتغلب على عيوب الاختبارات الشفهية يمكن إتباع مجموعة من الإرشادات والشروط التي يمكن توضيحها في الأتي:

- إعداد الطالب للتقييم وتدريبه على أسئلة مماثلة
- أن تكون الأسئلة محددة ومصاغة صياغة واضحة ومفهومة ولا يكون لها أكثر من معنى.

- أن توزع على الطلاب توزيعاً عادلاً ومتزناً وبدون تمييز .

- أن يقدر الوقت في ضوء هدف السؤال وان يعطي لكل طالب وقتاً مناسباً للإجابة عـن السؤال .

- أن لا تأخذ طريقة طرح السؤال شكلاً محبطاً للطالب ينم عـن الـتهكم أو الإيحاء بـأن الطالب لن يستطيع الإجابة

- استخدام تعبيرات التعزيز المشجعة للطالب

- الاستماع باهتمام إلى إجابة الطالب حتى يمكن تقويمه تقويماً موضوعياً

- مراعاة الفروق الفردية بين الطلاب.

ثانياً: الاختبارات التحريرية

وهى تلك الاختبارات التي يستخدم فيها التلميذ الورقة والقلم للإجابة عنها، لـذا تـسمى اختبارات الورقة والقلم،وتنقسم هذه الاختبارات إلى نوعين:

١-   اختبارات مقاليه

٢-   اختبارات موضوعية

وفيما يلي شرحاً مفصلاً لكل نوع على حدة:

١-   اختبارات المقال:

تعد اختبارات المقال مـن أقـدم وأكـثر أنـواع الاختبارات شيوعاً واستخداماً في تقـويم المخرجـات العقليـة المعرفيـة، في المـدارس والجامعـات. وفيها يعطـى الطالب حرية الإجابة عن الأسئلة بالأسلوب الذي يراه،بهدف التعرف على قدرتـه على التعبير، والشرح و الفهـم والتحليـل والتركيـب والتقـويم والاستنباط وحـل

المشكلات، ،وحسن ترتيب الأفكار و المعلومات وتنظيمها والقدرة على الربط بينها.

وفيما يلي توضيحاً لأنواعها ومزاياها وعيوبها وكيفية تحسينها:

أنواع الأسئلة المقالية:

تنقسم أسئلة المقال – وفقاً لدرجة الحرية المتاحة للمتعلم في إجابته عـن السـؤال-إلى نوعين هما:

أ-   **أسئلة المقال ذات الإجابة المقيدة:**

في هذا النوع من الأسئلة توضع قيوداً على الإجابات المطلوبة إما بتحديد المادة المطلوبـة للإجابة، أو بتحديد المساحة المخصصة لها، أو بتحديد نقاط معينة للإجابة عنها.

وتمتاز أسئلة المقال المقيدة بسهولة الإعداد والتصحيح، وقياس مستويات الفهم والتطبيق والتحليل، إلا أنها لا تسمح للتلاميذ بإظهار قدرتهم على التنسيق والربط والابتكار والتركيـب والتقويم. ومن أمثلة هذا النوع من الأسئلة ما يلي:

١-   أذكر المقصود بكل مما يأتي:

–   الرقم الذرى:...............................

–   الأحماض...........................

٢-   اذكر وحدة قياس الطاقة

٣-   قارن بين الموارد البشرية وغير البشرية من حيث أنواعها.

ب- أسئلة المقال ذات الإجابات الحرة:

في هذا النوع من الأسئلة تترك للمتعلم الحرية الكاملة لتحديد مدى إجابته وشمولها. وتمتاز هذه الأسئلة بإظهار قدرة المتعلم على التحليل والترتيب والتنظيم والربط بين الأفكار والإبداع في التعبير، وهذه كلها أهداف تربوية يصعب تحقيقها من خلال أنواع الأسئلة الأخرى، ومن أهم عيوب أسئلة المقال ذات الإجابات الحرة، صعوبة تصحيحها وتأثرها بذاتية المصحح. ومن أمثلة هذا النوع من الأسئلة ما يلي:

١- تكلم عن أسباب التلوث البيئي والنتائج المترتبة عليه

٢- اشرح الأضرار الناتجة عن سوء التغذية.

٣- وضح الآثار المترتبة على مشكلة الطلاق.

مميزات اختبارات المقال:

اختبارات المقال تتسم بعدد من المزايا التي أجمعت عليها العديد من الأدبيات التربوية وهى:

١- تقيس قدرة المتعلم على تلخيص المعلومات والوصف والمقارنة.

٢- تتيح للمتعلم الحرية في الإجابة عن الأسئلة والتعبير عن النفس وإبداء الرأي.

٣- سهلة الإعداد ولا تتطلب وقتاً طويلاً ولا جهداً من المعلم.

٤- تقيس المستويات العليا من العمليات العقلية المعرفية،كالتطبيق، والتحليل،والتركيب والتقويم.

٥- الإجابة عنها تخلو من التخمين لان المتعلم يقوم فيها بتنظيم إجاباته بنفسه.

٦- تقيس قدرة المتعلم على التفكير الابتكارى. وإيجاد الحلول للمشكلات.

بالرغم من تلك المزايا إلا أن هنالك بعض العيوب لتلك الاختبارات

عيوب الاختبارات المقالية:

١- تفتقر أسئلة المقال إلى الشمولية في تغطية المحتوى.

٢- تتأثر بذاتية المصحح، فتختلف تبعاً لذلك درجة المتعلم من مصحح إلى آخر.

٣- تستغرق وقتاً طويلاً في عملية التصحيح.

٤- تتأثر درجة المتعلم بمدى قدرته على التعبير التحريري، وجودة خطه، وقلة أخطائه اللغوية.

٥- قد تؤدى صياغة الأسئلة في بعض الأحيان إلى اختلاف المتعلمين في فهم المقصود، فينعكس ذلك على إجاباتهم.

تحسين الاختبارات المقالية:

أشارت بعض الأدبيات التربوية إلى مجموعة من الإرشادات والشروط. التي يمكن أن تؤدى إلى تحسين الاختبارات المقالية ورفع كفاءتها للحصول على نتائج جيدة عند تقويم المخرجات العقلية المعرفية. والتي يمكن تلخيصها في الأتي:

١- يجب أن تصاغ الأسئلة بصورة واضحة ومحددة لا غموض فيها.

٢- أن تكون شاملة لمحتوى المقرر الدراسي ومرتبطة بأهدافه.

٣- أن يكون الوقت المتاح للإجابة مناسباً لما هو مطلوب في أسئلة الاختبار.

٤- أن تكون الأسئلة إجبارية حتى يجيب المتعلمين عن جميع الأسئلة، وبالتالي يمكن المقارنة بين إجابات المتعلمين.

٥- التنوع في أسئلة الاختبار بحيث تقيس المستويات العقلية المعرفية المختلفة.

٦- ربط أسئلة الاختبار على قدر الإمكان بالمخرجات التعليمية المراد قياسها.

٧- وضع إجابة نموذجية لكل سؤال وتوزيع الدرجات وفقاً لأهمية عناصر السؤال.

٨- إخفاء أسماء المتعلمين عند تصحيح إجاباتهم، للتقليل من ذاتية المصحح بقدر الإمكان.

٢-الاختبارات الموضوعية:

ظهرت الاختبارات الموضوعية، نتيجة للانتقادات التي وجهت للأسئلة المقالية، وللتغلب على عيوبها وقد أطلق عليها الاختبارات الموضوعية، لموضوعية تصحيحها ، اى أن ذاتية المصحح لا تتدخل في تصحيح الإجابة، لان إجابتها محددة ومعروفة، ويتفق فيها المصححون على الدرجة التي تعطى للمتعلم.

أنواع الاختبارات الموضوعية:

هنالك أنواع متعددة للاختبارات الموضوعية نتناولها بالتفصيل فيما يلي:

أ- اختبار الاختيار من متعدد:

تشير الدراسات إلى أن هذا النوع من الاختبارات من أكثر أنواع الاختبارات الموضوعية أهمية وانتشاراً وأفضلها، لأنها تقيس مستويات عقلية عليا، يصعب على الاختبارات الموضوعية الأخرى قياسها.

ويتكون السؤال في هذا النوع من الاختبارات من مشكلة في صورة سؤال أو في صورة عبارة ناقصة تليها قائمة من الإجابات المحتملة، أو البدائل، تجيب عن السؤال أو تكمل العبارات الناقصة،ويطلب من المتعلم اختيار إحدى هذه البدائل. ومن أمثلة هذا النوع من الاختبارات ما يلي:

ضع دائرة حول الإجابة الصحيحة في كل من الأتي:

١- المادة التي تستخدم في مقياس درجة الحرارة هي:

أ-البنزين ب- الزئبق ج- الكلور د- اليود

٢- يعتبر ابن خلدون من مؤسسي علم:

أ- النفس ب- الاقتصاد ج- الاجتماع د- الفلك

أسس تصميم اختبار الاختيار من متعدد:

هناك بعض الأسس التي ينبغي مراعاتها عند إعداد هذا النوع من الأسئلة وذلك لتلافى السلبيات التي قد تنتج عند إعدادها، وهى كالتالي:

١- إعطاء تعليمات واضحة ووافية عن الاختبار.
٢- أن تحتوى مقدمة السؤال على مشكلة واضحة ومحددة، وتحتوى على مشكلة أو فكرة واحدة.
٣- أن تكون كل الإجابات مرتبطة بمقدمة السؤال.

٤- عدم إتباع نظام معين في ترتيب الإجابات المحتملة.

٥- ألا تحتوى البدائل على إشارة معينة تدل على الإجابة الصحيحة.

٦- يفضل ألا يقل عدد البدائل عن أربع حتى يقل احتمال التخمين.

٧- أن تتساوى البدائل في الطول ودرجة التعقيد.

٨- يجب ألا تستخدم صيغة النفي في مقدمة السؤال.

مميزات أسئلة الاختيار من متعدد:

١- سهولة التصحيح ، حيث انه يمكن أن يقوم بتصحيحها اى شخص باستخدام مفاتيح التصحيح المعدة مسبقاً.

٢- تخلو من ذاتية التصحيح، فلا يكون هنالك اختلاف بين المصححون في تقدير الدرجات.

٣- تستخدم لقياس قدرات عقلية متنوعة كالقدرة على الاستنتاج، وإدراك العلاقات، وحل المشكلات.

٤- يقل فيها عامل التخمين، لان البدائل المطروحة للإجابة تتكون من ثلاثة إلى خمسة خيارات.

عيوب أسئلة الاختيار من متعدد:

١- تتطلب وقتاً وجهداً كبيراً في إعدادها.

٢- يمكن أن يزيد فيها عامل التخمين إذا قل عدد البدائل عن أربعة.

٣- لا تقيس مخرجات التعلم المتعلقة بالتأليف، والتنظيم، والابتكار،والتعبير الكتابي.

٤- تتطلب معلم له قدرات لغوية كبيرة تساعده في دقة التعبير واختيار الألفاظ المناسبة.

ب-   اختبار الصواب والخطأ:

في هذا النوع من الأسئلة تعرض على التلميذ مجموع من العبارات (كـل عبارة تتضمن فكرة واحدة)، بعضها صحيح وبعضها خاطئ، ويطلب منه تحديد العبارات الصحيحة مـن الخاطئة، وقد يطلب منه تصحيح الخطأ إن وجد.ومن أمثلة هذا النوع من الأسئلة ما يلي:

١-   تقدر شدة التيار بوحدة تسمى الأمبير٠٠٠٠٠ (   )

٢-   سرعة الصوت اكبر من سرعة الضوء.٠٠٠ (   )

٣-   التعليم مرادفاً للتدريس .... (   )

أسس تصميم اختبار الصواب والخطأ:

١-   أن تتضمن العبارة فكرة واحدة.

٢-   أن تكون العبارات واضحة ومحددة .

٣-   تجنب استخدام الأسئلة التي تتضمن أدوات نفى.

٤-   ألا يتبع في وضع الأسئلة نظام معين للعبارات الصحيحة أو الخاطئة.

٥-   تجنـب العبـارات التـي تـوحي بالإجابـة الـصحيحة مثـل(غالبـاً- دائمـاً- أحيانـا- نادراً ٠٠٠).

٦-   أن تكون العبارات إما صحيحة تماماً أو خاطئة تماما

٧-   أن تكون العبارات قصيرة وبلغة بسيطة.

مميزات اختبار الصواب والخطأ:

١-   يمكن أن يغطى أجزاء كبيرة من المقرر الدراسي.

٢-   سهل الإعداد والتصحيح.

عيوب اختبار الصواب والخطأ:

١- يشجع الطلاب على الحفظ، واستدعاء المعلومات دون الاستنتاج.

٢- يشجع الطلاب على التخمين، حيث أنها تسمح بالتخمين بنسبة ٥٠%.

٣- لا يقيس مستويات عقلية عليا كالتحليل والتركيب والتقويم.

٤- تصاغ الأسئلة (أحياناً) بطريقة غامضة، مما يؤدى إلى اختلاف التلاميذ في تفسيرها.

ج- اختبار المزاوجة (أو المطابقة):

تتألف اختبارات المزاوجة (المطابقة) من مجموعتين (قائمتين) من الكلمات أو العبارات. ويطلب من الطالب أن يربط (أو يزاوج) كل كلمة أو عبارة من القائمة الأولى بما يناسبها من كلمات أو عبارات في القائمة الثانية. ومن أمثلة هذا النوع من الاختبارات ما يلي:

طابق (أو زاوج) بين القائمتين التاليتين بوضع الحرف المناسب أمام الكلمة أو العبارة التي تناسبه:

- التعلم   (أ) منظومة التدريس

- السبورة الذكية   (ب) مؤسسة تربوية نظامية

- المعلم   (ج) طريقة تدريس

- المدرسة   (د) وسيلة تعليمية

- حل المشكلات   (هـ) نشاط عقلي

                      (و) تعديل في السلوك

                      (ز) مهارة حركية

أسس تصميم اختبار المزاوجة:

١- أن تكون العلاقة بين كلمات أو عبارات القائمتين قوية وواضحة.

٢- إن تكون عدد العبارات في إحدى القائمتين اكبر من عدد القائمة الأخرى، حتى يقل أثر التخمين.

٣- أن تكون هنالك إجابة واحدة صحيحة لكل سؤال.

٤- أن يكون سؤال المزاوجة في صفحة واحدة.

٥- البعد عن الإشارات اللفظية أو النحوية التي توحي باختيار الإجابة الصحيحة من قائمة الإجابات.

٦- أن تكون قائمة الإجابات مرتبة منطقياً، ومختصرة ومركزة حتى يمكن تحديد الإجابة بسهولة.

مميزات اختبار المزاوجة:

١- سهل الإعداد والصياغة والتصحيح.

٢- يقل فيها التخمين، وذلك لتعدد الإجابات.

٣- يمكن استخدامه لقياس بعض القدرات، مثل التذكر والتفسير وإدراك العلاقات.

٤- يمكن استخدام الأشكال والصور والرسومات التوضيحية في إعداده.

٥- مناسب لمستويات وأعمار التلاميذ المختلفة، خاصة في المرحلة الأساسية(الابتدائية).

عيوب اختبار المزاوجة:

١-   يهتم بقياس حفظ وتذكر المعلومات.

٢-   لا يقيس نواتج التعلم المرتبطة بالجوانب الإبداعية.

د- اختبار التكملة والإجابات القصيرة:

في هذا النوع من الاختبارات يطلب من التلميذ إكمال بعض العبارات الناقصة بكلمة أو مجموعة من الكلمات، في الفراغ (أو الفراغات) الخالية في العبارة. وفيما يلي أمثلة على هذا النوع من الاختبارات:

١-   يرمز للصوديوم كيميائياً بالرمز..........

٢-   يتركب ثاني أكسيد الكربون من ....و..........

٣-   تتكون الوجبة الغذائية المتكاملة من ....

أسس تصميم اختبار التكملة:

١-   أن تكون العبارة مختصرة وواضحة وبعيدة عن الغموض حتى يفهم المتعلم المطلوب منها مباشرة.

٢-   يفضل استخدام فراغ واحد في الجملة وأن يكون في نهايتها.

٣-   عدم وجود دلالات تشير إلى الإجابة الصحيحة.

٤-   أن تقيس معظم الأسئلة مستويات عليا من التفكير، كالتطبيق والتحليل.

٥-   كتابة العبارات بطريقة تجعل الجزء المراد إكماله مثيراً للتفكير.

مميزات اختبار التكملة:

١- سهل الإعداد والتصحيح

٢- يتميز بالشمول حيث انه يغطي جزءاً كبيراً من المادة العلمية المراد الاختبار
    فيها.

٣- يقيس قدرات ومستويات معرفية متنوعة كالتذكر والفهم والتطبيق.

٤- يقل فيها عنصر التخمين.

عيوب اختبار التكملة:

١- يسمح بدرجة من الذاتية في التصحيح لتعدد الإجابات أحيانا.

٢- يشجع التلاميذ على حفظ المعلومات،والتركيز على التفصيلات الدقيقة لمحتوى
    المنهج.

ثانياً: أساليب تقويم نتاجات التعلم المهارى(النفسحركى):

المهارات قد تكون عقلية ويتم قياسها بواسطة الأسئلة التي تستخدم لقياس المعلومات،
أو حركية(عملية) وتقاس بواسطة الاختبارات العملية.

مع ملاحظة أن هنالك تكامل بين الجوانب العقلية المعرفية والوجدانية والمهارية في
سلوك الطالب، فجميع مستويات الجانب المعرفي لها جانب وجداني، وبعضها له جانب
مهاري، أي أن الجوانب الثلاثة تتفاعل تفاعلاً متكاملاً في سلوك الطالب. لذا عند تحديد
الأهداف يجب الاهتمام بهذه الجوانب الثلاثة. ومن أهم الأساليب التي يقاس بها نتاجات
التعلم التي ترتبط بهذا الجانب الأدائي العملي، اختبارات الأداء التي سنفرد لها الحديث
التالي:

اختبارات الأداء

اختبارات الأداء هي تلك الاختبارات التي تهتم بتقويم المهارات الأدائية للمتعلم بأنماطها المختلفة، سواء كانت مهارات معملية، أو مهارات اتصالية لغوية،أو مهارات لحل المسائل الرياضية،أو غيرها من المهارات المرتبطة بالمناهج الدراسية.وهذه الاختبارات تنقسم إلى عدة أنواع، كل نوع منها يقيس نوعاً معيناً من الأداء وفيما يلي:

أنواع اختبارات الأداء:

توجد أنواع عديدة لاختبارات الأداء التي تقيس نتاجات التعلم المهارية للمتعلمين، نتناول منها الأنواع الأربعة التالية:

١- اختبارات الورقة والقلم:

تختلف هذه الاختبارات عن اختبارات الورقة والقلم التقليدية التي تقيس النتاجات المعرفية(العقلية) فقط، في أنها تقيس حصيلة كل من النواتج المعرفية والمهارية ويمكن استخدامها في قياس مخرجات التعلم النهائية٠او قد يعد خطوة متوسطة في قياس الأداء في موقف أكثر واقعية، ومثال على هذا النوع من الاختبارات أن نطلب من المتعلم رسم لوحة بيانية باستخدام الأعمدة أو عمل تخطيط لدائرة كهربية.

٢-اختبارات التعرف:

يتميز هذا النوع بالبساطة ولا يتطلب من التلميذ سوى أن يتعرف على الخصائص الأساسية لأداء معين،أو نتيجة أداء معين، أو التعرف على بعض

الأشياء مثل التقنيات الجيولوجية، أو البيولوجية، أو تحديد الأدوات والأجهزة التي تلزم للقيام بتجربة ما.وفي أنواع أخرى من اختبارات التعرف قد يطلب من المتعلم التعرف على أجزاء من الأجهزة، ووظائفها أو الحكم على جودة بعض العينات لمواد معينة.

٣- اختبارات المحاكاة:

يصمم هذا النوع من الاختبارات بشكل يحاكى أو يشبه الموقف الحقيقي ويطلب فيه من المتعلم أن يقوم بنفس الحركات التي يتطلبها الموقف الحقيقي ولكن تحت ظروف مصطنعة مثال ذلك القيام بحركات السباحة خارج الماء.

٤- اختبارات عينات العمل الممثلة للموقف الكلي:

هذا النوع من الاختبارات يتكون من موقف يمثل موقفا حقيقيا لمجال العمل،حيث يطلب من المتعلم أداء المهمات الفعلية لهذا العمل.ويتضمن اختبار عينة العمل أهم عناصر الأداء المطلوبة للعمل.

ثالثاً:أساليب تقويم نتاجات التعلم الوجداني:

تعتبر نتاجات التعلم الوجدانية، مجال مهم وأساسي من مجالات التعلم التي يجب الاهتمام بها والعمل على تنميتها في شخصية المتعلم، وهو الجانب الذي يتصل بالمشاعر والانفعالات الإنسانية، مثل الميول والاتجاهات والقيم، والتي تعد من أهم موجهات السلوك الإنساني.لذلك لابد من تقويمه ولابد للمدرسة أن تهتم به، فالأهداف الوجدانية جزء من كل، وتزداد أهميتها إذا علمنا أنها تتداخل مع الأهداف المعرفية، حيث انه لا يمكن تحقيق هذه الأهداف المعرفية إلا من خلال تحقيق الأهداف الوجدانية المتداخلة معها، ويتم تقويم نتاجات

التعلم الوجدانية باستخدام أساليب وأدوات تتناسب مع طبيعة هذا المجال مثل المقاييس، والاستبيانات، والمقابلات الشخصية، والملاحظة وغيرها.وسوف نتناول أهم هذه الأساليب كالتالي:

١- مقاييس الاتجاهات:

الاتجاه هو استعداد وجداني مكتسب وثابت نسبياً، يحدد شعور الفرد وسلوكه نحو موضوعات معينة، ويتضمن حكماً عليها بالقبول أو الرفض أو الحياد وهذه الموضوعات قد تكون أشخاصا، أو جماعة، أو أفكارا، أو مبادئ.

ومقاييس الاتجاهات تتضمن قائمة من العبارات التي تدور حول أحد الجوانب الوجدانية،توضع أمام كل عبارة بدائل للاختيار تعبر عن درجة الرفض أو القبول مثل(أوافق بشدة، أوافق، لا اعرف، ارفض، ارفض بشدة) ويستجيب المتعلم بوضع علامة تعبر عن درجة قبوله أو رفضه على احد هذه البدائل.

ويوجد عدد من مقاييس الاتجاهات المقننة، لعل من أشهرها: مقياس ليكرت، ومقياس ثيرستون، ومقياس أسجود.

٢- استبيانات:

تعتبر الاستبانة أداة ملائمة للحصول على معلومات وبيانات وحقائق، عن المتعلم، بغرض التوجيه والإرشاد، وهى تتكون من أسئلة أو أراء حول موضوع معين، وعلى المتعلم أن يبدى رأيه حوله،وتختلف الإجابة من اختيار من بين إجابات إلى إجابات حرة أو إجابات على مقياس متدرج. وهنالك ثلاث أنواع من الاستبيانات هي:

١- الاستبانة مغلقة: وهى تعتمد على أسئلة مقيدة أو مغلقة النهاية.

٢- الاستبانة المفتوحة وهى تشتمل على أسئلة مفتوحة النهايات يكتب فيها الفرد ما يشاء.

٣- الاستبانة المغلقة المفتوحة:وهى تجمع بين الأسئلة المغلقة والأسئلة المفتوحة.

٣- الملاحظة:

حيث يتم من خلالها ملاحظة سلوك المتعلمين، عندما يؤدون واجباتهم الدراسية، أو يقومون بأنشطة متنوعة، داخل الفصل أو خارجه.ومن أهم الأدوات التي يمكن أن تستخدم في الملاحظة: قوائم التقدير، وسلالم التقدير، والمقاييس السوسيومترية، والسجلات.

ويمكن بناء بطاقة الملاحظة بإتباع الخطوات التالية:

١- تحديد الهدف من بطاقة الملاحظة

٢- تحليل السلوكيات أو المهارات المراد ملاحظتها إلى خطوات بسيطة.

٣- صياغة بنود البطاقة في عبارات تصف أفعال المتعلمين.

٤- ترتيب بنود البطاقة طبقاً لخطوات الأداء.

٥- اختيار طريقة القياس(يمكن أن يكون مقياس ثلاثي أو خماسي متدرج مثال للتدرج الثلاثي(بدرجة عالية-بدرجة متوسطة-بدرجة ضعيفة). وعلى الخماسي: (بدرجة عالية جدا- بدرجة عالية- بدرجة متوسطة- بدرجة ضعيفة- بدرجة ضعيفة جدا).

٦- تجريب البطاقة على عدد قليل من المتعلمين.

٧- طبع البطاقة في صورتها النهائية وتطبيقها.

٤- المقابلة الشخصية:

المقابلة الشخصية طريقة لجمع البيانات أو المعلومات بشكل مباشر عن طريق الاتصال الشخصي، وهى أسلوب تقويمي فعال يمكن للمعلم أو المرشد الاجتماعي أو النفسي أو المشرف التربوي ممارسته في المدرسة،ومن خلالها يمكن جمع بيانات حول بعض جوانب المتعلم،وهى من أسرع الطرق وأيسرها في الحصول على معلومات عن شخصية المتعلم واتجاهاته وأرائه وميوله، ويشترط فيها تهيئة المناخ المناسب للمتعلمين والإعداد الجيد المسبق للأسئلة التي ستوجه إليهم، ويتطلب إجراء المقابلة مهارات خاصة ينبغي أن تتوفر للشخص الذي يجرى المقابلة، كما تتطلب البعد عن الذاتية في إصدار الأحكام.

٥- الأساليب الإسقاطية:

وهى تستخدم في قياس نواتج التعلم الوجدانية بصفة عامة وقياس الاتجاهات والقيم بصفة خاصة،وفيها يوضع المتعلم في موقف يدلي فيه ببيانات يسقطها على شيء ما،مثل أن يطلب منه التعبير شفويا أو كتابةً،عن انطباعاته حول الأشكال العشوائية التي لا تعطى معنى في ذاتها، مثل اختبار بقع الحبر، أو أن يطلب منه كتابة قصة حول بعض الصور التي تعرض عليه.

٥-   دراسة الحالة:

يستخدم أسلوب دراسة الحالة استخداماً فردياً في التقويم، حيث انه يهدف إلى دراسة متعلم محدد،وفيه يتم جمع المعلومات عن ماضي المتعلم وحاضره من مصادر قريبة وموثوقة كإفراد أسرته، أو زملائه في الدراسة، أو من السجلات الدراسية. وقد تتعدى دراسة الحالة الأشخاص إلى الظواهر، فيتم دراسة حالة لظاهرة معينة لتحديد أسبابها والعوامل المؤثرة فيها، والنتائج المترتبة عليها.

مجالات التقويم

يشمل التقويم جميع عناصر العملية التعليمية وقد تم تلخيص مجالات التقويم في الأتي:

١-**المنهج :**

حيث ينصب التقويم على كافة عناصر المنهج من أهداف ومحتوى وأساليب تدريس ، ووسائل وتقنيات تعليم، والنشاطات، وأساليب التقويم.

٢- **الطالب :**

يهتم التقويم في المنهج الحديث بقياس مدى نمو الطالب في جميع مجالات النمو سواء الجسمي أو العقلي أو الاجتماعي أو النفسي أو الروحي أو المهارى .

٣- **المعلم :**

ويشمل تقويم المعلم الجوانب التالية: العقلية والخلقية والمهنية والنفسية.

٤- **الإدارة المدرسية :**

يركز التقويم على الصفات المهنية والشخصية والخلقية والاجتماعية ،ومدى مساهمة الإدارة في تقويم العمل التعليمي داخل المؤسسة التي تتولى إدارتها.

٥- **الإشراف التربوي :**

يهتم تقويم الإشراف التربوي بالتعرف على مدى مساهمة الإشراف التربوي في تحسين وتطوير العوامل المؤثرة في العملية التعليمية في ضوء الأهداف المرسومة ،والتي تشمل رفع كفاءة المعلم وزيادة فاعليته، وتطوير المناهج بمختلف عناصرها، وتحسين البيئة المدرسية.

٦- المباني المدرسية وتجهيزاتها:

التقـويم هنـا يركـز عـلى موقـع المدرسـة،و مـدى تـوافر القاعـات والمعامـل والملاعـب والساحات ، والتجهيزات والأدوات..... الخ.

و قد حدد البعض مجالات التقويم التربوي في الأتي:

١- تقويم المتعلم

٢- تقويم البرامج

٣- تقويم المخرجات

٤- تقويم الأداء بشكل عام.

مراحل التقويم خلال عملية التدريس

يعرف التقويم بمفهومه الحديث بأنه عملية مستمرة ، فهو يحدث قبل التدريس وأثنـاءه ، وبعد أن يتم ، وفي كل مرحلة من هذه المراحل يؤدي التقـويم وظـائف مختلفـة .. وفـيما يلي توضيحاً لكل مرحلة :

أولاً : مرحلة التقويم القبلي (المبدئي) :

وتتم قبل البدء في تنفيذ عملية التدريس تهدف إلى جمع معلومات عن التلاميذ حول :

- مستوى النضج العقلي والانفعالي للتلاميذ .
- معلومات ومهارات واتجاهات التلاميذ.
- مدى استعدادهم لتعلم الموضوع الجديد.
- ميولهم واهتماماتهم وأساليبهم في التعلم .

- كشف نواحي الضعف والقوة في تعلمهم .

- كشف المشكلات الدراسية التي يعانوا منها والتي قد تعوق دراستهم للمحتوى الجديد .

وتعتبر هذه المعلومات بمثابة تحديد المستوى المبدئي للتلاميذ ومتطلبات أساسية لتعلم الموضوع الجديد، والتأكد من أن الموضوع الذي سيدرس لهم لم يسبق لهم دراسته ، وهي أيضاً تساعد المدرس على توفير المواد التعليمية المتطلبة وأساليب التدريس بما يتلائم وخصائص التلاميذ العقلية والانفعالية والحركية ، أيضاً تساعد على تهيئة البيئة المناسبة لإحداث التعلم المطلوب من خلال التخطيط الجيد للأنشطة التعليمية .

وفي ضوء ذلك يمكن التوصل إلى تحديد فوائد التقويم القبلي فيما يلي :

− تحديد مستوى المعرفة السابقة لدى التلاميذ فيما يتعلق بالموضوع الجديد المراد دراسته ، لكي يحدد نقطة البدء في الدرس.

− الاستفادة من وقت وجهد المعلم في شرح معلومات سبق التلاميذ معرفتها .

− تزويد المدرس بمعلومات تساعده على اتخاذ قرارات تتعلق بتوجيه التلاميذ إلى الأنشطة الملائمة التي تتناسب ومستوى كل منهم .

− تحديد المعلومات والمهارات الأساسية التي يحتاج الطلاب لتعلمها وتعتبر متطلبات أساسية لتعلم الدرس الجديد وذلك يتطلب المدرس ما يلي :

- تحديد متطلبات التعلم اللازمة لتعلم الدرس الجديد .

- إعداد اختبار قبلي لقياس مدى توافرها .

مثال درس عن القسمة : فإن متطلبات التعلم السابقة لهذا الدرس والتي ينبغي أن يلم بها التلاميذ بل ومن الضروري إتقانها جدول الضرب .

مثال آخر درس عن الجزئيات : فإن متطلبات التعلم السابقة لهذا الدرس ضرورة إلمام الطلاب بالذرة ومكوناتها .

- تحديد التصورات والأخطاء الشائعة المرتبطة بالموضوع الجديد والموجودة في الخلفية المعرفية السابقة لدى التلاميذ وتصويبها قبل البدء في الدرس .

مثال : عفن الخبز سام ...... وهذا غير صحيح

مثال : استخدام المياه لإطفاء جميع الحرائق ــ وهذا خطأ خاصة مع حرائق الكهرباء .

ثانياً : تقويم خلالي :

ويتم خلال عملية تنفيذ التدريس وبين خطواتها وإجراءاتها ومراحلها وهو من حيث الوظيفة يرادف التقويم البنائي (التكويني) والذي يهدف إلى :

إعطاء المدرس تغذية مرتدة -أول بأول -عن مدى تقدم التلاميذ وعن أخطائهم وعن مستوى تحصيلهم . أي يعطيه معلومات عن مدى تحقيق التلاميذ للأهداف التدريسية المنشودة بصورة مستمرة ، أي أنه يطبق أكثر من مرة أثناء التدريس .

وذلك يفيد في :

- تحديد مواطن الضعف عند التلاميذ أثناء عملية التدريس فيحاول

المدرس تداركها أو ل بأول قبل فوات الأوان .

○ تعرف المدرس مدى مناسبة أسلوبه في التدريس والأنشطة التعليمية التي يستخدمها ، وبناء على ذلك يستطيع تعديل أو تغيير تلك الأنشطة أو الوسائل في حالة عدم مناسبتها .

○ مساعدة المعلم على اكتشاف الفروق الفردية بين التلاميذ وكيفية مراعاتها سواء التلاميذ الذين يحتاجون إلى عناية خاصة (بطي التعلم) أو الـذين يحتاجون إلى مستويات أعلى من المادة العلمية أو الأنشطة الإضافية حتى لا يفقدون حماسهم ولا يصيبهم الملل .

○ رفع مستوى دافعية التلاميذ.

○ مساعدة التلاميذ على الاحتفاظ بالمعلومات وفهمها وانتقال أثر التعلم.

ولتنفيذ هذا النوع من التقويم (الخلالي) يستخدم المدرس عدة وسائل منها :

● أسئلة شفهية ، أسئلة تحريرية قصيرة تقارير فردية يكتبها التلاميذ ، مناقشات صفية ، أساليب ملاحظة مختلفة .

● اختبارات .بنائية بحيث تصاغ بصورة يسهل تصحيحها بـشكل فوري وسريع مثل : (الاختبار من متعدد – بكلمة بـسيطة – صواب وخطأ) بحيث يمكن من خلالها التعرف على نقاط القوة ونقاط الضعف في تحصيل التلاميذ بهدف تعديل عملية التدريس وتحسينها .

ثالثاً : القويم الختامي (النهائي) :

يتم في نهاية تنفيذ عملية التدريس ، ويهدف إلى إصدار الحكم بصورة نهائية على مخرجات عملية التدريس أو مدى تحقيقها للأهداف التعليمية المنشودة .

مهارة الواجبات المنزلية

قبل أن نتطرق إلى توضيح كيفية تحديد الواجبات المنزلية وتكليف الطلاب بأدائها ، لابد في البداية من توضيح المقصود بالواجب المنزلي ، وأيضاً الصور المختلفة له .

مفهوم الواجب المنزلي :

يقصد بالواجبات المنزلية الأنشطة أو المهمات التي يكلف المعلمون طلابهم بإنجازها في المنزل في غير ساعات الدوام الرسمي الدراسي ، وتكون ذات علاقة بما يدرس لهم من موضوعات في المادة أو المقرر الدراسي .

ونأخذ هذه الأنشطة أو المهمات المنزلية صوراً متعددة نوضحها فيما يلي :

الصور المتعددة للمهام والأنشطة المنزلية (الواجبات المنزلية)

مهام وأنشطة تحضيرية

الهدف منها :

- تهيئة الطلاب عقلياً للدرس الجديد.
- تزويد الطلاب بمتطلبات التعلم المسبقة الخاصة بفهم الدرس الجديد.

شكل الواجب المنزلي :

- تعليمات شفهية أو كتابية توجه للطلاب لقراءة الدرس الجديد مسبقا في الكتاب المدرسي ، أو قراءة مقالة أو مشاهدة برنامج حول الدرس قبل تدريسه.
- توجيهم لحل بعض الأسئلة التحضيرية المتعلقة بالدرس مقدماً.

مهام وأنشطة تدريبية

الهدف منها :

- تدريب الطلاب على ما سبق أن تعلموه من معلومات أو مهارات في الصف

شكل الواجب المنزلي :

- حفظ بعض النصوص الدينية أو الأدبية .
- حل بعض المسائل والتمارين الرياضية أو لغوية تكون قدمت لهم في الصف.
- رسم خرائط أو رسوم بيانية أو توضيحية مثل الموجودة في الكتاب.

مهام وأنشطة تطبيقية

الهدف منها :

- زيادة قدرة الطلاب على تطبيق ما تعلموه في مواقف تعلم جديدة أو حل مشكلات غير مألوفة.
- مشكلات جديدة ويطلب من التلاميذ البحث عن حلول لها .

مهام وأنشطة إثرائية

الهدف منها :

- توسيع نطاق تعلم الطلاب المتفوقين أو الموهوبين للمعلومات أو المهارات المقدم لهم بحيث لا تقتصر فقط على المقدم في الكتاب المدرسي.

شكل الواجب المنزلي :

- تعليمات توجه للطلاب إلى ممارسة أنشطة إضافية مثل :
- إطلاع على مراجع أساسية.
- إجراء تجارب .
- إعداد مقالات وأوراق بحثية.
- ممارسة أنشطة إبداعية.

مهام وأنشطة تقويمية

الهدف منها :

- تشخيص أخطاء التعلم لدى الطلاب.
- إعطاء الطلاب درجات أو تقديرات توضح مدى كفاءاتهم التحصيلية

شكل الواجب المنزلي :

- اختبار تشخيصي بيتي يتضمن عددا من الأسئلة تكشف عن أخطاء التعلم ولا تحسب درجاتها ضمن درجات الطلاب النهائية من المادة.

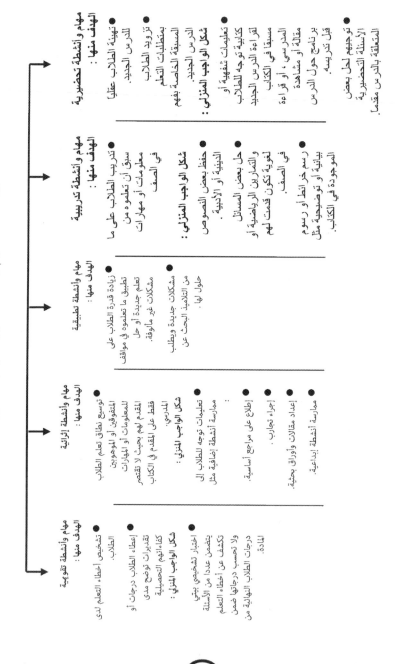

مبررات التكليف بالواجبات المنزلية :

- إتاحة الفرصة للطالب لإكمال ما بدأ تعلمه في المدرسة أو التدرب على ما تعلمه أو إضافة معلومات جديدة لما تلقاه في المدرسة وذلك من منطلق أن (**التعليم عملية مستمرة**).

- تشجيع الطلاب على الممارسة والدراسة والتدريب والبحث والتنقيب عن المعرفة ، وذلك من منطلق أن : (**التعلم عملية ذاتية تتم عن طريق الجهود التي يبذلها المتعلم**).

- إتاحة الفرصة للطالب للتعلم حسب سرعته وقدراته الخاصة عند أدائه للواجبات المنزلية ، وذلك من منطلق أن (**التعليم في المدرسة يكون بطريقة إجمالية ، وفي ظل أعداد كبيره من التلاميذ مما لا يسمح للمعلم بأن يكيف أساليب واهتماماته حسب طبيعة كل طالب**).

- إثارة اهتمام الطلاب بالمادة الدراسية ، وذلك من خلال ما يقومون به من أنشطة تتعلق بالمادة الدراسية كتجميع المعلومات أو قراءة الكتب أو إعداد بعض الرسومات المتعلقة بالموضوع ومن ثم ينمو لديهم الاهتمام بالمادة .

- توجيه اهتمام الطلاب نحو الأهداف التعليمية ، وذلك يتحقق من خلال تركيز أنشطة الواجبات نحو الأهداف المحددة .

- إتاحة الفرصة للطلاب للممارسة العملية للتدريب على مهارات متنوعة مثل القراءة أو الكتابة أو العمل الجماعي مع الزملاء ومهارة البحث والتنقيب ، حل المشكلات والمسائل ..إلخ .

- يعتبر مقياس لمدى تحقق الأهداف التعليمية وتقويم لعملية التعليم والتعلم وذلك من خلال ارتباطه بالأهداف التعليمية .

- مساعدة الطلاب على ربط خبراتهم وتكاملها بين ما يتعلمونه وما يمارسونه من خبرات و المدرسة وبين ما يكتسبونه بأنفسهم من خبرات عملية من خلال الواجبات المنزلية .

- إتاحة الفرصة للطلاب للتعبير عن أنفسهم عن طريق حل الواجبات المنزلية التي تسمح لكل منهم بالتعبير بحرية في الأعمال الكتابية خاصة الطالب الخجول مما يساعد المدرس على تهيئة الفرصة له بالتكيف مع زملائه .

لا شك أن الواجبات المنزلية لها تأثيراتها الإيجابية كما أن لها تأثيراتها السلبية ، وفيما يلي توضيحاً لكلٍ على حدة :

أولاً : التأثيرات الإيجابية المتوقعة للواجبات المنزلية :

تزيد من تمكن الطالب من محتوى المادة العلمية ومن ثم ارتفاع تحصيله الدراسي وتعزيز تعلمه وذلك لأنها تتيح الفرصة للطالب للممارسات والتطبيقات العملية للمعلومات وهذا في حالة اهتمام المعلم بها وتصحيحه لها وتعليقه عليها .

- تسهم في تنمية قدرة الطلاب الإبداعية .

- تساعد الطلاب على تنمية صفات الاستقلالية وتحمل المسئولية والمبادرة .

- تحسن عادات الاستذكار ومهاراته .

- تزيد من رغبة الطلاب في التعلم أثناء وقت الفراغ .

- تنمي الاتجاهات الإيجابية نحو المدرسة وكذا العلاقات مع المعلمين

- تنمي الرغبة في البحث والتنقيب عن المعلومة لدى الطلاب .

- تزيد من فرص مشاركة أولياء الأمور في تعليم أبنائهم .

وبالرغم من كل هذه التأثيرات الإيجابية إلا أنه إذا لم يتقن المدرس هذه المهارة فسيترتب على ذلك العديد من الآثار السلبية والتي سنوضحها فيما يلي :

التأثيرات السلبية المحتملة للواجبات المنزلية :

- إرهاق الطلاب نفسياً وجسدياً ، وذلك في حالة مبالغة المعلمين في إعطائها وعدم التنسيق بينهم مما يصيب الطلاب بالإحباط .

- تركيزها على الحفظ والاستظهار .

- بغض الطلاب ونفورهم من التعليم المدرسي ، وذلك في حالة إذا كلفوا بواجبات مرهقة أو غير مجدية لهم مما يؤدي إلى تقلص وقت التسلية والأنشطة الاجتماعية لديهم ،خاصة التي يكلف بها الطلاب أثناء الإجازات .

- التقليل من الوقت الذي يقضيه الطالب مع أسرته أو أصدقائه ، وذلك في حالة إذا كانت تتطلب وقت طويل في حلها أو كانت فوق مستوى الطالب العقلي .

- زيادة الأعباء على أولياء الأمور ، وذلك في حالة ما إذا كانت فوق مستوى الطلاب أو كانت طويلة فيلجأ أولياء الأمور إلى مساعدة أبنائهم في حلها تخفيفاً عنهم وإشفاقاً عليهم .

تساؤلات تهمك حول الواجبات المنزلية :

(١) هل يجب تكليف الطلاب واجب منزلي عقب كل درس ؟

يفضل ذلك .. ولكن قد يكلف الطلاب بواجب بعد أكثر من درس وفقاً للهدف المطلوب .

(٢) ما ا لوقت الملائم لتكليف الطلاب بالواجب المنزلي في الدرس ؟ هل في بداية الحصة ، أم منتصفها ، أم في آخرها ؟

تعددت الآراء حول أنسب وقت لهذا التكليف ، وفيما يلي توضيحاً مقارناً لتلك الآراء :

الآراء المؤيدة لإعطاء التكليف في بداية الحصة	**الآراء المؤيدة لإعطاء التكليف في أثناء الحصة .**	**الآراء المؤيدة لإعطاء التكليف بالواجب المنزلي في آخر الحصة**
-حتى لا ينسى الطلاب كتابة المطلوب هذا الواجب المنزلي . -لأن انتباههم يكون عاليا في بداية الحصة . -جعل الطلاب منتبهين لما يقال أثناء الشرح لاحتمالية صلته بالواجب المنزلي فيسهل عليه حله. -الخوف من نسيان المعلم للواجب أو إعطائه للطلاب على عجل .	-إعطاء الواجب المنزلي بعد الانتهاء من كل نقطة في الدرس للتأكيد من إتقانها . -إعطاء الطلاب الواجب المنزلي عقب إثارة الطلاب لسؤال أو مشكلة ولا يسمح الوقت بمناقشتها.	**التبرير:** حتى يكون المعلم على دراية بما فهم الطلاب للدرس وتحصيلهم لنقاطه ما يساعده على تحديد مهام وأنشطة الواجب المنزلي .

(٣) ما الأساليب المناسبة لأعلام الطلاب بالواجب المنزلي ؟

توجد العديد من الطرق التي يمكن للمدرس استخدامها لأعلام الطلاب بالمهام والأنشطة المتضمنة في الواجب المنزلي ومن بينها :

أ- تدوين الواجب على السبورة ونحوها من أدوات وأجهزة العرض .

ب- إملاء الواجب شفاهة للطلاب .

ج- طباعته وتوزيعه على الطلاب وهذا أوفر من حيث الوقت إلا أنه مكلف اقتصادياً .

(٤) أين يسجل الطالب إجاباتهم عن أسئلة الواجب المنزلي ؟

أ- يمكن تسجيل الإجابة في كراس خاص يسمى كراس الواجب.

ب- يمكن كتابته في أوراق منفصلة ثم تحفظ وتجمع في ملف.

(٥) متى يتم مناقشة الإجابة عن أسئلة الواجب المنزلي ؟

من الخطأ أن يكلف المعلم الطلاب بأداء بعض الواجبات المنزلية ثم يتركها دون متابعة أو مناقشة لأن ذلك قد يؤدي إلى إهمال الطلاب تأديتها .

أما بالنسبة لتوقيت مناقشتها أثناء الحصة فيوجد رأيين :

يرى أصحاب الرأي الأول : أن يتم مناقشة حلول الواجب المنزلي مع الطلاب في بداية الدرس الجديد .

تعليل ذلك : أن البدء بتعليم الدرس الجديد لا ينبغي أن يتم دون التأكد من تمكن الطلاب من تعلم الدرس السابق .

أما أصحاب الرأي الآخر وهو : أن يتم مناقشة ومراجعة أسئلة الواجب المنزلي في نهاية الدرس .

تعليل ذلك : حتى لا يؤدي إخفاق بعض الطلاب في أداء الإجابة عنها بالشكل المرغوب فيـه إلى تقليل دافعيتهم لتعلم الدرس الجديد.

لذلك فإن المعلم له حرية اختيار أحد الرأيين لأن كلاهما صحيح .

شروط التقويم الجيد

لكي يكون تقويم التدريس جيداً وفعالاً ومحققاً لأهدافه المرجوة وبالمستوى المطلوب داخل المنظومة التعليمية يجب أن تتوافر فيه عدة شروط يمكن توضيحها في الشكل التالي : شكل (١٥)

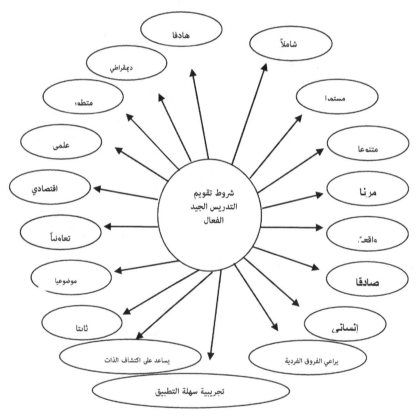

وفيما يلي توضيحاً لكل شرط من شروط تقويم التدريس الجيد :

(١) **هادفـاً** : أي ينبغـي أن يكـون لـه هـدفاً محـدداً ومرتبطـاً بأهـداف واضحة ومحددة للمنهج أو الدرس حتى يكون صادقاً ، وبقدر وضوح الأهداف تكون فعالية التقويم.

(٢) **شاملاً** : ويقصد بالشمولية أن يكون التقويم شاملاً لجميع عناصر المنظومة أي شاملاً لجميع عناصر ومكونات المنهج وجميع جوانب النمـو ، وأيـضاً شـاملاً لجميع أنواع ومستويات الأهداف (العقلية المعرفية -النفسحركية -الوجدانيـة) ولا يقتـصر عـلى الجانـب العقـلي المعـرفي فقـط (التحـصيل) ويكون أيضاً متكاملاً مع جميع عناصر العملية التعليمية .

(٣) **مستمراً** : أي يتناول المدخلات ثم العمليات ثم المخرجـات ، أي يكون ملازمـاً للعملية التعليمية منذ بدايتها إلى نهايتها ، ويسير في كل خطـوة مـن خطـوات كـل مرحلـة حتى يمكن الاستفادة منه في تصحيح الأخطاء أول بـأول قبل تفاقمها ، فالمعلم يستخدم التقويم قبل الدرس وأثناء الدرس وبعد الانتهاء من الدرس ، فيستخدم قبل الـدرس للتأكـد مـن خلفيـة التلاميـذ السـابقة ، تهيئـة الظروف المناسبة للتعلم ؛ وفي أثناء الدرس للتأكد من فهـم التلاميذ أول بـأول وتقديم تغذية راجعـة ، أمـا في نهايـة الـدرس فيسـتخدم للتأكـد مـن تحقيـق الأهداف ككل ولا يتوقف عند إصدار الأحكـام بـل يسـتمر إلى الإصلاح ثم متابعة النتائج .

(٤) **متنوعاً** : أي أن وسائله وأدواته المستخدمة متنوعة وذلك في ضوء الأهداف المحددة ، وتبعاً للإمكانات المتاحة .

(٥) **مرناً** : وذلك لكي يتأقلم مع الظروف الطارئة التي يمكن أن تحدث في الموقف التعليمي ، ويعطي نتائج مرنة ببدائل متعددة خاصة فيما يتعلق بإجراءات الإصلاح والتعديل . .

(٦) **إنسانيا** : بمعنى ضرورة أن يكون التقويم هادفاً إلى مساعدة التلاميذ على النمو الشامل وذلك من خلال التعرف على إمكاناتهم وقدراتهم واتجاهاتهم ، وأيضاً تحقيق الذات وليس وسيلة للعقاب .

(٧) **واقعياً** : أي لابد أن ينطلق التقويم من الواقع لكي يحقق النتائج المرجوة منه .

(٨) **يراعي الفروق الفردية** : بمعنى ضرورة مراعاته لاختلاف مستويات الأداء لإظهار الفروق الفردية والقدرات المتنوعة للتلاميذ.

(٩) **يساعد على اكتشاف الذات** : أي ينبغي أن يساعد التقويم كل فرد على اكتشاف وتقويم ذاته (أفكاره –قدراته –اتجاهاته) من خلال ما يقدمه من تغذية راجعة .

(١٠) **صادقاً** : أي يقيس ما وضع لقياسه ، ويترجم أهداف المنهج ترجمة صادقة (أي المعلومات التي يتم جمعها بواسطته تعبر بدقة عن الجانب المراد تقويمه).

(١١) **ثابتاً** : بمعنى إذا ما أعيد تطبيق الاختبار على مجموعة من التلاميذ تحت نفس الظروف ولنفس المخرجات فإنه يعطي النتائج نفسها

تقريبا باستمرار يشترط ألا يحدث تعلم أو تدريب في الفترات بين مرات إجراء الاختبار .

(١٢) **موضوعياً (ويبتعد عن الذاتية)** : بمعنى أن نتائج التقويم لا تتأثر بالعوامل الذاتية للمصحح مثل حالته الصحية والنفسية ، كما أنه لا يعتمد على التأويل أو التخمين في تفسير النتائج ، وذلك يتحقق من خلال اعتماد التقويم على أدوات قياس تتسم بالموضوعية في التصحيح وعدم التحيز وذلك باعتمادها على خطوات ومعايير محددة للتصحيح .

(١٣) **تعاونياً** : أي يشترك فيه جميع الأطراف والجهات ذات الصلة بمنظومة التعليم (المعلمين -التلاميذ - أولياء الأمور -الموجهين ...).

(١٤) **اقتصادياً** : من حيث التكلفة والوقت والجهد ، حيث إن التقويم يحتاج إلى تكلفة في بناء الأدوات وضبطها وتطبيقها وحساب درجاتها وتحليلها إحصائياً والتوصل إلى نتائج وتفسيرات واتخاذ القرارات اللازمة فالاختبارات التي تستغرق وقتاً طويلاً من الطالب ليجيب عنها ، وتستغرق وقتاً وجهداً كبيراً من المعلم في إعدادها تكون عبئاً على كل من المدرس والتلاميذ لذلك يراعي ذلك في التقويم الجيد .

(١٥) **علمياً** : أي جيب أن ينطلق التقويم من مبادئ ونظريات علمية ولا ينبغي أن يوضع عشوائياً يعتمد على الاجتهادات الفردية في البناء والتطبيق .

(١٦) **متطوراً** : وذلك ليتناسب مع التوجهات الحديثة لنظام التعليم وما يستجد به من مستحدثات مثل التعليم الإلكتروني .

(١٧) **ديمقراطياً** : أي يتم على أساس احترام شخصية التلميذ ومراعاة الفروق الفردية

(١٨) **عملية تجريبية** : أي أنه بالإضافة إلى كل ما سبق من شروط يجب مراعاتها لضمان فاعلية عملية التقويم من الضروري الحرص على تجريب أدوات التقويم على نطاق محدود قبل استخدامها على نطاق واسع ومن ثم تعديلها في ضوء نتائج التجريب .

(١٩) **سهل التطبيق** : من حيث التكاليف والمكان ، جهد الممتحن ، حجم الاختبار ، ودقة تطبيقه ، ووضوح وبساطة التعليمات المصاحبة ، الإمكانات اللازمة توافرها للتلميذ لتأدية الامتحان .

الفصل الثامن

المعلم أدواره وكفاياته

الفصل الثامن

المعلم أدواره وكفاياته

* ادوار المعلم الفعال

* خصائص ومواصفات المعلم الناجح

* الكفايات التدريسية الواجب توافرها في المعلم الفعال

* إعداد المعلم

* النمو المهني للمعلم

الأهداف :

● بعد دراسة هذا الفصل ينبغي أن يكون كل طالب قادر على أن :

● يحدد مواصفات المتعلم المستهدف في القرن الحادي والعشرين .

● يستنتج أهم أدوار المعلم الفعال .

● يوضح الخصائص والمواصفات التي ينبغي توافرها في المعلم الناجح .

● يحدد أهم الكفايات التدريسية الواجب توافرها في المعلم الفعال .

● يستنتج الطرق المتعددة لإعداد المعلم .

يفسر المبررات التي تستدعي ضرورة النمو المهني للمعلم .

الفصل الثامن

المعلم أدواره وكفاياته

تمهيد:

يعتبر المعلم من أهم عناصر العملية التعليمية التربوية بمدخلاتها وعملياتها ومخرجاتها وعناصرها المختلفة حيث يتوقف نجاحها في بلوغ غاياتها وتحقيق أهدافها على مدى إعداد المعلم ثقافيا، وتربويا، وعلمياً، واجتماعياً ليوجه مسارها ويضعها في إطارها الصحيح.

ولقد كان الرسول صلى الله عليه وسلم أول معلم في الإسلام، حيث يقول صلى الله عليه وسلم(إنما بعثت معلماً).

إن نجاح المعلم في مهنته يتوقف إلى حد كبير على نوعية إعداده، فالمعلم المعد إعدادا سليماً، هو ذلك المعلم القادر على تحقيق أدواره التي يجب أن يقوم بها، لذلك سنتناول فيما يلي عرضاً لأهم أدوار المعلم الناجح، وأيضا خصائصه وكفاياته، كما سنتطرق إلى إعداد المعلم والنمو المهني له لكي يؤدى تلك الأدوار بكفاءة وفاعلية.

قبل التحدث عن ادوار المعلم باعتباره حجر الزاوية في العملية التعليمية لابد من تناول مواصفات المتعلم المستهدف في القرن الحادي والعشرين.

مواصفات المتعلم المستهدف في القرن الحادي والعشرون:

١- متعلم لم يعد في حاجة لمن يعطيه المعلومة، أو ينقلها إليه، أو يلقنها له، ولكنه في حاجة إلى من يستثيره ويرشده ويوجهه ويقومه، ويمكنه من كيف

يتعلم؟ بدلا من ماذا يتعلم؟، وكيف يتعامل مع الوسائل الالكترونية، للبحث عن المعلومة واكتسابها، والاحتفاظ بها،واستدعائها واستخدامها، والإضافة إليها.والتجديد فيها.

٢- متعلم تشكل قدراته ذكاءات متعددة، وتحدد جودته منافسة عالمية، وتتطلب منه طبيعة العصر إبداعا وصناعة مستقبل، لذا فهو في حاجة إلى من يدرس له ويأخذ في اعتباره الذكاء، والجودة، والإبداع والمستقبل.

٣- متعلم وهبه الله عقلا مفكراً، فهو في حاجة إلى مدرس يستثمر هذا العقل المفكر، وليس العقل المخزن للمعلومة.

٤- متعلم تلزمه سلوكيات خاصة للتعامل مع معطيات القرن الواحد والعشرون التي منها : الجودة والكفاءة والتخطيط والتأمل والانضباط ، والاقتصاد ، والالتزام وهذا يتطلب مدرساً مستجيباً لهذه المتطلبات .

٥- متعلم يحتاج إلى سرعة التكيف الإيجابي البصري والعقلاني مع المستجدات، والاستجابة الانتقائية للتغيرات المختلفة والمتعددة والمحتملة في المستقبل وهذا يتطلب مدرساً متمكناً من كيفية تحقيق ذلك .

٦- متعلم لديه إمكانات الانفتاح على الثقافة العالمية الكونية متسلحاً بقدرات الاختيار، والانتقاء متمسكا بتراثه الفعال ، منتمياً إلى ثقافته، ومحافظاً عليها وصبوراً ومطوراً مجدداً وهذا يحتاج إلى من يمكنه من ذلك الانفتاح وهذا الانتماء .

٧- متعلم يتعامل مع تكنولوجيا متطورة ، وأنظمة الكترونية معقده ، ونظم اتصال سريعة ولحظيه ، ومعد للتعامل مع اكتشافات جديدة واختراعات

مبهره محتمله مستقبلاً وهذا يتطلب معلم يجيد استخدام التكنولوجيا ، والقدرة على تدريب المتعلم عليها و تطبيقها في الحياة .

٨- متعلم متمكن من لغة العلم ، ومنهجياته ، وقادراً على استيعاب نظرياته وترجمتها إلى تطبيقات حياتية وفهم مصطلحاته ودلالتها الإجرائية وهذا يتطلب معلم يحقق ذلك .

٩- متعلم قادر على أن يضيف من غير مثال، من خلال التفكير العلمي ، والتفكير الناقد والتخيل والإبداع وهذا يتطلب معلم يجيد إطلاق حرية التفكير والإبداع للمتعلمين .

١٠- متعلم لديه منهجيه عقليه فكريه ينسق فيها معارفه ويضعها في منظومة تمكنه من الاكتساب والاحتفاظ والتفاعل والاستدعاء والتطبيق والاستمرار في ذلك

١١- متعلم متحدث جيد ، مناقش ، محاور، مشارك ، مندمج ، مفسر ، مجرب ، ممارس ، ومطبق .

١٢- متعلم متذوق لجمال العلم ، لديه مقومات وقدرات التذوق ورغبة الاستمتاع وتقدير الفنون وميل شديد للتعلم.

١٣- متعلم يدرك أن البيئة التي يعيش فيها أسرة علاقته بها حميمة ، وواجبه عليها، المحافظة والرعاية والتنمية والحب والولاء والمصلحة العامة

١٤- متعلم يؤمن بأنه جزء من المجتمع وآليه من آليات تنميته، وتطويره في شتى ميادين الحياة

في ضوء النظرة الشمولية لمواصفات متعلم المستقبل، في هذا القرن الذي نعيشه، والذي تتغير فيه المعلومات والمعارف، والتكنولوجيا وتتطور وتتجدد وتتراكم، ومن ثم تتغير وسائل وأساليب، اكتشافها واكتسابها، والاحتفاظ بها واستدعائها، وتوظيفها وتجديدها. يمكن تحديد أهم الأدوار التي ينبغي أن يقوم بها المعلم لكي يؤدى رسالته بنجاح.

أولاً: ادوار المعلم الفعال:

دور المعلم كبير وحيوي في العملية التربوية التعليمية .وتتعدد وتتداخل أدوار المعلم بين الدور المعرفي التوجيهي والتقويمي والضبطي والإداري ، وكلما كان دور المعلم أقل جموداً وجد المعلم نفسه مشاركاً في نوع معين من العلاج الاجتماعي الذي تختفي فيه المسافة الاجتماعية العائقة له ، فالمعلم يصبح بنقله للثقافة والمعلومات والقيم خبيراً أكاديمياً ومدرباً أخلاقيا ، يهتم بالمساعدة في التطبيع الاجتماعي لكل طفل تحت رعايته وبناء شخصيته وخلقه وتطوير القيم والاتجاهات وبتغيير دوره كناقل للمعرفة إلى حافز للمعرفة ينمى شخصية المتعلم بإكسابه خبرات متعددة ومتنوعة تساعد على النمو الشامل، من خلال تهيئة بيئة تعلم مناسبة وفعالة غنية بمصادر تعليم وتعلم لتحقيق الأهداف التربوية المرتبطة بمنظومة العملية التعليمية.

مما سبق يمكن أن نحدد أهم ادوار المعلم الجيد في الأتي:

١- أن يكون المعلم احد مصادر المعرفة :

المعلم في الماضي كان هو المصدر الوحيد للمعرفة من وجهة نظر المتعلمين وظل كذلك حتى وقت ليس ببعيد ومع ظهور تكنولوجيا التعليم وتأصيلها في منظومة التعليم والتدريس بكثير من المجتمعات ، حيث واكب ذلك مبدأ

تعددية مصادر التعلم، ذلك المبدأ الذي يتيح للمتعلم الاعتماد على العديد من المصادر البشرية وغير البشرية في اكتسابه خبرات التعليم والتعلم ، ومنذ ذلك الحين لم يعد المعلم هو المصدر الوحيد للمعرفة ، لكنه ظل أحد أهم هذه المصادر البشرية خلال عملية التدريس ، لذا ومن هذا المنطلق ينبغي على المعلم الاطلاع الواسع و متابعة كل ما هو حديث ومستحدث في مجالات العلم والتكنولوجيا بصفة عامة وخصوصاً المرتبط منها بمجال تخصصه.

٢- المشاركة في الإدارة المدرسية :

المعلم ليس معنياً فقط بتنفيذ منهج ما ولكنه إلى جانب ذلك مشارك في العمليات الإدارية ذات الصلة الوثيقة بالمنهج، فالمنهج كما سبق القول ليس مجرد كتاب مدرسي يدرس المعلم محتواه ولكنه خبرات تحتاج إلى تنظيم كما تحتاج إلى إدارة من جانب المعلم وهذا الأمر يعني اتصالاً وتنسيقاً وتنظيماً للعلاقات بين المعلم و الإدارة المدرسية .

٣- دور المعلم كباحث:

من أدوار المعلم التي تميزه كصاحب مهنة دوره كباحث ، ولا نقصد في هذا المجال أن يكون المعلم باحثاً يجري تجارب معقده تحتوى على عدة متغيرات ومجموعات ضابطة ومجموعات تجريبية أو يستخدم أساليب إحصائية معقدة للتحقق من الأدلة وقياس النتائج وتفسيرها ، وإنما نقصد أن يكون المعلم قادراً على التنظير من خلال ما يقوم به من ممارسات وأن يفكر بطريقة منطقية ناقده في كل ما يقوم به من أنشطة أو أعمال فمن المفترض أن المعلم لديه من الكفايات اللازمة لعملية ضبط المواقف التعليمية ونقل المعارف وتعليم المهارات أو العادات وتنمية الميول والاتجاهات وغيرها من جوانب التعلم وبالتالي فهو قادر

على ممارسة هذا الدور والذي يعد من أهم الأمور التي يعتمد عليها في عمليات تطوير المناهج و قد وجد أن هنالك الكثير من الأخطاء في عدد من المشروعات المطورة وقد أرجعت نسبة كبيرة من تلك الأخطاء إلى إغفال دور المعلم في هذا الشأن وعدم الاعتماد على جهده كباحث في الميدان.

٤- تصميم الموقف التعليمي :

المعلم هو الذي يصمم مواقف التعليم والتعلم من أولها إلى آخرها ابتداءً من الأهداف وانتهاءً بالتقويم والحصول على التغذية الراجعة مروراً بالمحتوى واختياره وتنظيمه والأنشطة التعليمية واختيار الوسائل وتوظيفها ، وطريقة التدريس وتنفيذها فهو كما يقولون العقل المفكر الذي يدير عمليات التعليم والتعلم بكاملها.

٥- القيام بالتدريس :

لا يوجد أحد من العناصر البشرية في منظومة التعليم يستطيع القيام بهذا العمل غير المعلم . ويقوم المعلم بمهام التدريس المختلفة من شرح وإيضاح وبيانات عمليه وتوجيه أسئلة وإدارة صف وتوظيف للوسائل مستعيناً في أداء ذلك بعد الله تعالى بما لديه من مهارات تدريس مختلفة والتي يتعلمها ويدرب عليها في برنامج اعدد المعلم بكلية التربية.

٦- حث الطلاب على التعلم :

لعل من أهم الأدوار التي يقوم بها المعلم دوره في أن يحبب طلابه ويحثهم على طلب العلم والسعي إلى اكتسابه ليس فقط العلم الذي يدرس له وإنما العلم

بصفه عامة (العلم النافع لدينهم ودنياهم) ونحن نعيش في عصر العلم والتقدم المعرفي فيجب علينا أن نربي طلابنا على الاطلاع على الجديد وبصفه مستمرة .

٧- دوره كمشارك في توفير عوامل الضبط وتنفيذ المنهج :

المنهج في تنفيذه يخضع لعمليات ضبط على عدة مستويات إشرافية ومع ذلك فأن دور المعلم في هذا الشأن لا يعتبر أقل من حيث المستوى أو الأهمية عن ادوار المستويات الإشرافية الأخرى وتزداد خطورة هذا الدور في الدول التي تأخذ بالاتجاه الذي يعتمد على ترك مسألة اختيار محتوى المنهج وتنفيذه للمعلم ، وخاصة أن أصحاب هذا الاتجاه يرون أن فرض محور أو محاور معينه أو محتوى معين إنما يمثل عدواناً على حرية التلاميذ واهتماماتهم وبالتالي يفرض على المعلم ما قد يختلف مع أرائه وتصوراته وفكره التربوي الذي يتمكن منه ويمارس مهنته من خلاله وعلى أية حال فأن الشيء المؤكد في هذا الشأن هو أن المعلم هو الضمان الأساسي والعامل الفعال في توفير الشروط اللازمة والظروف المناسبة لتنفيذ المناهج الدراسية .

٨- تطوير المنهج الدراسي:

يخضع المنهج الدراسي بجميع مكوناته للتقويم والتطوير والتحسين، ويساهم في هذه العملية العديد من الأطراف منهم المعلم الذي يقوم بتنفيذ المنهج، فمن خلال قيامه بعمله يكتشف أخطاء ونقاط ضعف المنهج فيقدم بذلك تقارير مختلفة يستعين بها متخذو القرار في اتخاذ القرارات اللازمة للتطوير،وقد يستعان بالمعلم في تنفيذ عملية التطوير نفسها خاصة إذا كان ممن لديهم خبرة طويلة في التدريس.

٩- دور المعلم في ترسيخ قيم المجتمع :

المعلم سواء كان يعمل على مستوى الفصل أو المدرسة أو المجتمع فأنه عليه

أن يقوم بادوار في كل منها وأهم هذه الأدوار ما يلي :

أولاً : في الصف عليه أن يكون مرجع ومرشداً ورجـل شرطـة وقدوه وصـديق وممثل

للمجتمع وقاضي عادل بين طلابه ....الخ

ثانياً : دوره في المجتمع : عليه أن يقوم بربط المدرسة بالمجتمع ويحقق للمجتمع مطالبـه

في تربية أبنائه وان يعمل على حل مشكلات المجتمع من خلال تنفيذ المنهج الـذي يـساعد

على حل هذه المشكلات وتطوير المجتمع من خلال تخريج طلاب لـديهم مهـارات التفكير

والبحث العلمي والمهـارات المهنيـة المختلفـة ، وتحقيـق التنـشئة الاجتماعيـة للأفراد وفق

تصورات المجتمع .

١٠- دور المعلم في توجيه العملية التعليمية :

هذا الدور الذي يقوم به المعلم بحكم مهنتـه التي تخـصص فيهـا وبحكم خبرتـه التـي

أكتسبها ويكتسبها كل يوم وذلك من منطلق أن الخبرة تأتي عن طريق العمل والثقافـة هنا

مكتسبه وليست وراثية .

ولذلك فالمعلم له دور في توجيه طلابه للعملية التعليميـة والتـي تحـتم أن يكـون لديـه

ثقة في نفسه لكي يثق التلاميذ فيه ولذا يصبح أحد طلابه عالماً أو عبقرياً أو مختـرعاً ولـذلك

يقع عبـء كبير على المعلم في توجيه الطلاب للعملية التعليمية.

١١- المشاركة في الأنشطة غير الصفية :

تحتاج الأنشطة غير صفية إلى مهارات متنوعة من قبل المعلم كمهارات التخطيط والتنظيم والتمويل والتنفيذ والمتابعة والإدارة وهي جزء مهم في المنهج لذا من الصعب أن يقوم المعلم بدوره في تنفيذها ما لم يكن متمكناً من تلك المهارات التي تعنى بها برامج إعداد المعلم .

١٢- التجديد والابتكار:

من أهم ادوار المعلم أن يكون مجدداً، في مظهره وأسلوبه في التدريس، ووسائله التعليمية، وأنشطته التعليمية، وأسئلته التي يوجهها للطلاب.

أي يجب أن يكون مجددا في كل شيء. وان يكون هذا التجديد الذي يأتي به أصيلا ومتفرداً، فيكون بذلك مبتكراً، ويرتبط الابتكار في التدريس لدى المعلم بمدى حبه لممارسة هذا العمل، ومدى قناعته برسالته.

ثانيا:خصائص ومواصفات المعلم الناجح:

ولكي يؤدى المعلم أدواره بنجاح لابد أن تتوافر لديه عدد من الخصائص والمواصفات والتي يمكن توضيحها فيما يلي:

أولا: السمات الشخصية التي يجب أن يتميز بها المعلم الفعال:

١- الاهتمام بالمظهر الشخصي والمحافظة عليه بشكل لائق.

٢- الديمقراطية والتسامح ومشاركة الطلاب في اتخاذ القرارات عن طريق التفاعل الايجابي معهم

٣- التعاطف ومراعاة الفروق الفردية

٤- سعة الميول والاهتمامات

٥- العدل وعدم التحيز

٦- الاهتمام بمشكلات الطلاب

٧- استخدام الثواب والعقاب

٨- القدرة على التواصل مع الآخرين

٩- التحلي بالأخلاق الفاضلة لكونه قدوة لطلابه.

١٠- الإخلاص في التدريس

ثانياً: الصفات الأكاديمية والمهنية:

١- متمكن من المادة العلمية وطرق تقويمها

٢- ينوع في أساليب واستراتيجيات التدريس المستخدمة

٣- يعد دروسه إعدادا جيدا

٤- يستخدم الوسائل التعليمية بطرق صحيحة وجذابة

٥- مطلع على كل جديد في مجال تخصصه

٦- واسع الاطلاع

٧- مؤمن برسالته

٨- يرشد الطلاب للمراجع ومصادر المعلومات المهمة المرتبطة بالمقرر

٩- يلتزم بمعايير الجودة الشاملة في مهاراته

١٠- لديه كفاءات ذاتية عالية

١١- أن يكون معلم تقنى تكنولوجي

ثالثاً: الصفات الاجتماعية:

١- يحترم أراء التلاميذ ويتقبلها

٢- يتمتع بشخصية اجتماعية محبوبة

٣- يحترم عادات وتقاليد المجتمع

٤- يراعى المشاعر الوجدانية للتلاميذ

٥- علاقاته طيبة مع زملائه في العمل

٦- يشارك في الأنشطة الاجتماعية داخل المدرسة وخارجها

٧- يساعد الطلاب في حل مشكلاتهم الاجتماعية

٨- ينمى روح التعاون بين التلاميذ.

ثالثاً : الكفايات التدريسية الواجب توافرها في المعلم الفعال:

الكفاية في التدريس تمثل (القدرة على الأداء والممارسة)، أو أنها مهارات مركبة أو أنماط سلوكية أو معارف تظهر في سلوك المعلم، وتشتق من تصور واضح ومحدد لنواتج التعلم المرغوب.

وتشتق الكفايات التعليمية من عدة اطر مرجعية نذكر منها ما يلي:

١- الإطار النظري: ويعتمد على نظرية تربوية أو فلسفة تربوية معينة تتوقع دوراً معيناً من المعلم ينبغي أن يقوم به.

٢- الإطار التحليلي: يتضمن هذا الإطار أسلوبين من التحليل هما:

أ- تحليل المهمات، التي يؤديها المعلم في أداء وظيفته من خلال ملاحظة المعلم في المواقف التعليمية التعلمية، ووصف المهام واشتقاق الكفايات التعليمية وتحويلها إلى أهداف نهائية لازمة للمعلم لتحقيق الأهداف التعليمية المنشودة.

ب- تحليل مهارات التدريس، وتحديدها ثم تصنيفها في مجموعات كما في مهارات (التخطيط والتنفيذ والتقويم).

٣- الإطار البحثي: وتحدد الكفايات التعليمية من خلال إجراء الدراسات والبحوث التربوية والنفسية كما في البحوث والدراسات المتعلقة، بمعايير أداء المعلم، والتدريس المصغر، وتحليل التفاعل(اللفظي وغير اللفظي) الصفي...الخ.

وتشير دراسات عديدة في مجال تحديد الكفايات التدريسية الواجب توافرها في المعلم الفعال إلى وجود أربعة عوامل رئيسية لكفاية المعلم هي :

١. التمكن من المعلومات في مجال التخصص الذي سيقوم بتدريسه .

٢. امتلاك الاتجاهات التي تسهم في إسراع التعلم وتحسين العلاقات الإنسانية في المدرسة .

٣. التمكن من المعلومات النظرية حول التعلم والسلوك الإنساني.

٤. التمكن من مهارات التدريس التي تسهم وبشكل أساسي في تعلم التلاميذ .

في ضوء نتائج الدراسات والبحوث أمكن تحديد عددا من كفايات الأداء الرئيسية اللازمة للمعلم لمواكبة مستحدثات العصر، والتي يمكن تحديدها في خمس مجالات يمثل كل منها كفاية رئيسية تتضمن عدداً من الكفايات الفرعية، وهذه المجالات هي:

أ- مجال كفاية المعرفة العلمية وتوظيفها لخدمة البيئة والمجتمع.

ب- مجال كفاية المشاركة التفاعلية والتواصل خلال عملية التدريس

ج- مجال كفاية استخدام وتوظيف مصادر المعرفة المتعددة.

د- مجال كفاية إدارة الصف

هـ- مجال كفاية التقويم.

وفيما يلي توضيحاً لكل كفاية على حدة:

أ- مجال كفاية المعرفة العلمية وتوظيفها لخدمة البيئة والمجتمع:

يتضمن الكفايات الفرعية التالية:

* التمكن من مادة التخصص العلمية

* الاطلاع على كل ما هو جديد في مجال التخصص

* إدراك جوانب مادة التخصص وعلاقتها بالمواد الأخرى

* العمل على تنمية و تطوير المعرفة التخصصية بشكل دائم

* إجادة التقصي والاكتشاف العلمي

* الحرص على امتلاك ثقافة عامة في مختلف جوانب الحياة

* مراعاة أصول الثقافة الإسلامية

* تنوع الأسئلة التي ترد أثناء الشرح لتوضيح المادة الدراسية.

* ربط أفكار ومفاهيم المادة الدراسية بالواقع الذي يعيشه المتعلم، وبالحياة العملية

* الاستعانة بالأمثلة والأسئلة التطبيقية خلال التدريس

* استخدام أنشطة مناسبة ومحققة لأهداف الدرس

* الربط بين الجانب النظري والجانب التطبيقي

* ربط الخبرات اللاحقة بالخبرات السابقة للمتعلمين

* مساعدة المتعلمين على التكيف مع واقعهم وبيئتهم الاجتماعية.

* تنمية مقومات انتماء المتعلمين لمجتمعهم

ب- مجال كفاية المشاركة التفاعلية والتواصل خلال عملية التدريس:

ويتضمن الكفايات الفرعية التالية:

*تحديد الأهداف التربوية التي تتطلب الفهم والممارسة وليس الحفظ والاسترجاع

*تخطيط الأنشطة التعليمية بما يسمح بمشاركة التلاميذ عند التنفيذ

* تنظيم الطلبة في مجموعات تحقق التفاعل والمشاركة والتعاون

*طرح أسئلة مثيرة للتفكير والإبداع

*السماح للمتعلمين بالاستفسار عما يريدون دون قيود

*المشاركة في حل مشاكل المتعلمين العامة والخاصة

*مكافأة المتعلمين المبدعين والمتميزين وحثهم على مواصلة الإبداع.

ج- مجال كفاية استخدام وتوظيف مصادر المعرفة المتعددة:

ويتضمن الكفايات الفرعية التالية:

*توظيف التقنيات الحديثة في التدريس.

*الاعتماد في تخطيط الدروس على المصادر والمراجع العلمية الحديثة

*توجيه المتعلمين للاستفادة من مصادر التعلم الحديثة مثل المكتبات الالكترونية وغيرها.

*مطالبة المتعلمين بإعداد واجبات وأنشطة تستلزم الرجوع إلى مصادر معرفية حديثة ومتنوعة

*تنوع الوسائط التعليمية المستخدمة بما يتلائم مع طرق وأساليب التدريس المتبعة

*استخدام مصادر المعلومات الحديثة المتنوعة

*توظيف ثورة المعلومات في أنتاج المعرفة وليس في استهلاكها

*الاستفادة من وسائل الاتصال الحديثة باعتبارها مصادر معرفة

د-مجال كفاية إدارة الصف وتفعيل دور المعلم في العملية التعليمية .

وتتضمن الكفايات الفرعية التالية :

*عرض أفكار الدرس بشكل جذاب ومتسلسل يثير انتباه المتعلمين

*التحدث بلغة سلسة سليمة مما يجذب انتباه المتعلمين

*إثارة الدافعية لدى المتعلمين من خلال توزيع الأدوار

*الاستفادة من وقت التعلم المتاح والحد من الوقت الفاقد

*تهيئة البيئة التعليمية بأجواء يسودها الألفة والمحبة

*احترام كرامة المتعلمين وحريتهم في التعبير عن الرأي

*توفير بيئة صفية آمنة لتحقيق عملية التعلم .

*التعامل مع المتعلمين بتوازن انفعالي عاطفي مما يساعد على ضبط الصف

*تشجيع المتعلمين على المبادرة بالاستفسار عن أي موضوع أو تعليق .

*تعزيز الاستجابات السليمة ومعالجة الاستجابات الخاطئة

*إعطاء الحرية للمتعلمين لإبداء رأيهم قولاً وفعلاً

*تشجيع المتعلمين على تحمل المسئولية للقيام بالمهام المنوطة بهم

*مراعاة عدم استفزاز المتعلمين في جميع سلوكياتهم

*الترحيب بما يقدم المتعلمين من مقترحات لحل المشاكل الدراسية

*مراعاة الفروق الفردية والعدالة بين المتعلمين والصبر عليهم

*ترغيب المتعلمين في العمل الجماعي

*تحقيق الانضباط الذاتي لدى المتعلمين .

هـ- مجال كفاية التقويم:

وتتضمن الكفايات الفرعية التالية :

*تنفيذ التقويم الشامل لجوانب التعلم (عقلي معرفي ، نفسحركي، وجداني)

*تنفيذ التقويم المتكامل لتعلم الطلاب

*الاهتمام بتقويم عناصر المنهج الذي يدرس في ضوء المستجدات المعاصرة

*الاهتمام بتقويم أساليب وطرق التدريس التي تنتهجها المدرسة والمتعلقة بمادته

الدراسية في ضوء المستجدات المعاصرة

*الاهتمام بتقويم مصادر التعلم المختلفة بالإضافة إلى تقويم تعليم المتعلم .

*الاهتمام بتقويم البيئة الصغيرة بما فيها من متغيرات وأثرها على عملية التعلم

*استخدام أدوت موضوعية وعادلة في تقويمه للمجالات المختلفة مع مراعاة الذكاءات

المتعددة للمتعلمين

*استخدام طرق وأساليب حديثة ومتنوعة في التقويم لمراعاة الفروق الفردية .

*تنفيذ التقويم بشكل مستمر دائم

*إشراك الطلبة ومدير المدرسة والمشرفين التربويين في عملية التقويم

*توظيف نتائج التقويم في عملية التعليم والتعلم

*اطلاع المتعلمين وأولياء أمورهم وإدارة المدرسة على نتائج التقويم .

رابعاً: إعداد المعلم:

التعليم مهنة وعادة ما تتطلب كل مهنة قدراً من القدرات والمهارات التي لا تتحقق

إلا من خلال إعداد وتدريب مهني خاص وموجه نحو تنمية تلك المهارات و

ويقصد بالإعداد في هذا المجال تقديم مقررات خاصة لتنمية مهارات واتجاهات ضرورية للمعلم لمساعدته على أداء مهام عمله ، وينقسم الإعداد إلى قسمين:

١- الإعداد قبل الخدمة :

وهذا الإعداد يتم في مؤسسات متخصصة لإعداد المعلم كمعاهد المعلمين أو كليات التربية أو الكليات المتوسطة للمعلمين أو غيرها من المراكز التي تأخذ مسميات مختلفة ، بشرط أن يكون الطالب/ المعلم فيها لم يلتحق بعد بالخدمة ومازال يدرس دون أن يقيد على وظيفة مدرس وقد يتم إعداد المعلم في كليات أو مؤسسات تعليمية غير متخصصة في إعداد المعلم تمهيداً لالتحاق الطالب في برنامج تال لتأهيله للتدريس في واحدة من مؤسسات إعداد المعلم،أى أن الإعداد المهني والتدريب على التدريس يتم بعد استكمال متطلبات المؤهل الأكاديمي أو الدرجة الجامعية الأولى ويعرف هذا النظام بالنظام التتابعي في الإعداد .

وذلك على عكس الإعداد في مؤسسات إعداد المعلم والذي يعرف بالإعداد التكاملي حيث تقدم مقررات التأهيل التربوي والتدريس متداخلة مع المقررات الأكاديمية الأخرى بحيث تتكامل المقررات معاً في تشكيل البنية المهنية للمعلم .

٢ – الإعداد إثناء الخدمة :

يتم هذا الإعداد في المؤسسات المتخصصة في إعداد المعلم ، بهدف تنمية معارف ومهارات واتجاهات المعلم القائم بالتدريس الفعلي في النظام التعليمي ويأخذ التدريب أثناء الخدمة أشكالا متعددة كالتدريب الذي يستهدف رفع كفاءة المعلم في مجال محدد كتدريبه على طرق تدريس جديدة أو تعريفه

بمقرر جديد أو تدريبه على استخدام وسائل تكنولوجيا التعليم وقد يكون التدريب على شكل دورات دراسية وعادة ما تستهدف رفع كفاءة المعلم في مجال من المجالات التربوية أو زيادة كفاءته في تدريس تخصص غير تخصصه الأصلي وفق مقتضيات الحاجة الملحة للنظام التعليمي

كما قد يكون التدريب لإعادة الإعداد ويقصد به انتظام المعلم في أحد مؤسسات إعداد المعلم من جديد ، في برنامج دراسي للحصول على مؤهل دراسي أعلى من مؤهله الذي عين بموجبه على وظيفته الراهنة .

ويحدث ذلك عادة بسبب إحساس السلطات التعليمية بضرورة تطوير مؤهلات المعلمين تمشياً مع خطورة الدور الذي يقومون به .

الجوانب الأساسية لإعداد المعلم:

يتضمن برامج إعداد المعلم مجموعة من المقررات تغطي الجوانب التالية :

١ - الإعداد الأكاديمي للمعلم:

يشمل هذا الجانب تزويد الطالب / المعلم بالمواد العلمية التي تؤهله لتدريس مادة معينة مثلاً الرياضيات ، الفيزياء ، الكيمياء ، الأحياء ، الجغرافيا ، التاريخ ......الخ من مواد التخصص الأكاديمي وعادة يلتحق الطالب في كلية التربية بالقسم الذي يرغب فيه حيث يتلقى العلم على أيدي متخصصين أكاديميين من حملة الدرجات العليا (الماجستير والدكتوراه) وتمتد فترة الإعداد الأكاديمي بالتكامل مع الإعداد المهني فترة أربع سنوات تقسم الدراسة خلالها إلى فرق(سنوات) دراسية. وكل سنه تقسم إلى فصلين دراسيين ويشترط النجاح للانتقال من فرقة إلى أعلى. هذا إلى جانب تلقي الطالب/ المعلم

ما يعرف بالمواد المساعدة أو متطلبات الجامعة والتي تسهم في أثراء حصيلة الطالب المعرفية والثقافية.

٢- الإعداد المهني :

هو الجانب الذي يتم من خلاله إكساب الطالب/ المعلم المعلومات والمهارات والاتجاهات التربوية ذات الصلة المباشرة بممارسة مهنة التدريس . ويهدف الأعداد المهني بصورة تفصيلية إلى ما يلي :

— التعرف على الفلسفة التربوية الخاصة بالنظام التعليمي في الدولة وعلى الأهداف العامة للتعليم بها .

— التعرف على هيكل النظام التعليمي ومكوناته ومؤسساته .

— التعرف على الفكر التربوي العالمي .

— التعرف على النظريات النفسية الخاصة بالتعلم ونمو التلاميذ والصحة النفسية والإرشاد والتوجيه النفسي والتربوي والتي تفيد المعلم في عمله .

— التعرف على كيفية صناعة وتقويم المنهج المدرسي .

— التعرف على طرق التدريس وأصوله والوسائل التعليمية .

— ممارسة التدريس العملي والميداني لتحويل المعارف المشار إليها في الفترات السابقة إلى فكر يوجه سلوك المعلم وممارساته في المدرسة.

مما سبق يتضح أن هذا الجانب يشمل الجانب التربوي النفسي والجانب التطبيقي أو التربية الميدانية والذي يتضمن الملاحظة والمشاهدة والأنشطة للتطبيقات التربوية داخل الصفوف الدراسية وكذلك ممارسة المتعلم للتدريب الموزع أو من النوع المكثف...

٣ – الأعداد الثقافي العام :

يعد المنهج من المنظومات المرتبطة بثقافة المجتمع ارتباطاً وثيقاً، وعلى المعلم أن يعي ويستوعب ثقافة مجتمعه التي سيقدمها لطلابه بصورة مباشرة أو غير مباشرة، لذا ينبغي أن يكون على دراية بقيم وعادات وتقاليد المجتمع ، إضافة إلى إلمامه بالعناصر الثقافية المادية للمجتمع.

فالإعداد الثقافي يتضمن دراسة الطالب المعلم مجموعة من المواد التي تمكنه من فهم ثقافة المجتمع،مثل مادة الثقافة العامة، وعلم الأخلاق، والتاريخ الإسلامي، والثقافة العلمية.....وغيرها. وقد تختلف هذه المواد ومسمياتها من كلية إلى أخرى ولكنها جميعاً تهدف إلى تعريف الطالب المعلم بثقافة مجتمعه التي سينقلها ضمنياً من خلال مادة تخصصه.

خامساً: النمو المهني للمعلم:

يعرف النمو المهني للمعلم على انه عملية مستمرة وشاملة، لجميع مقومات مهنة التعليم وتؤدى إلى تحسين كفايات المعلمين المهنية وتجويد مسؤولياتهم التربوية، وتزودهم بكل ما هو جديد في مجال المعارف والمهارات، والسلوكيات المهنية التي يتطلبها عملهم التدريسي، بالإضافة إلى إثراء ما يتوافر لديهم منها من اجل رفع مستوى الأداء المهني و الإداري، والتواصل الفعال مع الزملاء في الحقل التعليمي.

فعملية إعداد المعلمين تتسم بأنها عملية متصلة ومستمرة ومتكاملة في آن واحد، فهي تبدأ من اللحظة الأولى عند الالتحاق بإحدى كليات التربية ، أو كليات المعلمين، ولا تنتهي عند التخرج من هذه الكليات، ولكنها مستمرة

مدى الحياة الوظيفية والمهنية للمعلمين أثناء عملهم.

مكونات النمو المهني للمعلم:

هنالك ثلاث مكونات رئيسية للنمو المهني للمعلمين:

١- التدريب المهني Professional Training:

ويتم من خلاله إكساب المعلم مجموعة من المهارات اللازمة لرفع كفايته والوصول بهذه الكفايات إلى المعايير المعمول بها .

٢- التربية المهنيةProfessional Education:

أي العمل على تعديل أفكار المعلمين ومعتقداتهم بشأن عملهم وممارسته والتأكيد على القيم المهنية.

٣- المساندة المهنية Professional Support:

وتعنى تحسين ظروف العمل والاستقرار المهني.

مبررات النمو المهني:

هنالك عدد من المبررات لنمو المعلم مهنياً نلخصها في الأتي:

١- الانفجار المعرفي وما ينتج عنه من تغير سريع واتساع في المعارف والمعلومات. و ما تفرضه على المعلم من حاجة مستمرة للنمو المعرفي لمواكبة الجديد من المعارف والمعلومات والاتجاهات .

٢ - التطور التقني المتسارع وانعكاساته على العملية التعليمية وما يفرضه على المعلم من حاجة للنمو المهني في مجال إتقان المهارات المطلوبة.

٣ - تطور مفهوم التربية من مفهوم ضيق يعنى بالجانب العقلي إلى مفهوم واسع يعنى بمختلف جوانب شخصية المتعلم ، وما يترتب عليه من حاجه المعلم إلى نمو مهني في التنمية الشاملة .

٤ - ظهور مفاهيم عالميه مثل العولمة والجودة وغيرها وما يترتب على ذلك من مقارنه أداء المعلم العربي بأداء زملائه المعلمين في مختلف أنحاء العالم في ضوء التكلفة والإتقان، وبذا يتضح لنا أن النمو المهني المستمر للمعلم شرط أساسي لنجاحه في القيام بمهام عمله المتجددة والمتطورة. والتدريب التربوي المتواصل هو الوسيلة المناسبة لهذا النمو والمحافظة على استمراره .

الفصل التاسع

التربية العملية

الفصل التاسع

التربية العملية

- مفهوم التربية العملية
- أهمية التربية العملية
- أهداف التربية العملية
- مراحل برنامج التربية العملية
- مهام وأدوار الأطراف المشاركة في التربية العملية
- تقويم الطالب / المعلم في برنامج التربية العملية

الأهداف :

بعد دراسة هذا الفصل ينبغي أن يكون كل طالب قادراً على أن :

- يستنتج مفهوم التربية العملية .
- يشرح أهمية التربية العملية .
- يوضح الهدف من كل مرحلة من مراحل التربية العملية .
- يحدد مهام وأدوار الأطرف المشاركة في التربية العملية .
- يوضح جوانب تقويم أداء الطالب في برنامج التربية العملية

الفصل التاسع

التربية العملية (التدريب الميداني) Practical Training

تمهيد:

تمثل التربية العملية الجانب التطبيقي لإعداد الطالب/ المعلم حيث تمكنه من تطبيق المواد النظرية التربوية والنفسية عمليا في الواقع الميداني، وهى المحك الذي يمكن من خلاله التعرف على مدى كفاءة برامج إعداده التربوية والنفسية ومدى اكتسابه لمهارات وأخلاقيات مهنة التعليم ومدى تمكنه من المهارات اللازمة للقيام بمهنة التدريس.

فالتربية العملية تعتبر من المتطلبات الأساسية لإعداد الطالب/ المعلم للقيام بمهنة التدريس.

أولا: مفهوم التربية العملية:

تعددت تعريفات التربية العملية ، وذلك لإيضاح الرؤى حولها من منطلق أهميتها ، وقد عرفت تعريفاً عاماً بأنها عملية تستهدف تطبيق المبادئ والأفكار النظرية لمجال معين أو عمل ما في الواقع الفعلي للربط بين الجانبين النظري والعملي لهذا المجال أو العمل.

كما عرفت بأنها البرنامج التعليمي (المنفصل أو المتصل) الذي يتاح فيه للطالب المتدرب(المعلم) الفرص لممارسة الخبرات التربوية التي تم تعلمها في داخل الكلية للتأكد من قدراته على القيام بأدواره(التعليمية ،الإدارية ، الاجتماعية،......الخ) داخل غرفة الفصل وخارجه بالمدرسة وذلك تحت إشراف

وتوجيه مربيين مؤهلين لذلك سواء من كلية التربية،أو المدرسة التي يتم تطبيق البرنامج فيها.

أيضا عرفت بأنها ذلك التدريب الميداني الذي توفره كليات التربية لطلابها وطالباتها في المدارس المختلفة الابتدائية والمتوسطة والثانوية بقصد إكسابهم الكفايات اللازمة للقيام بمهنة التدريس مستقبلاً،وذلك من خلال التنسيق مع المدارس المختلفة لإتاحة الفرصة للطلاب والطالبات التدريب تحت إشراف عضو هيئة تدريس متخصص من كليات التربية.

كما عرفت أيضاً بأنها برنامج تدريبي تقدمه كليات التربية ومعاهدها على مدى فترة زمنية محددة تحت إشرافها بهدف إتاحة الفرصة للطلاب المعلمين لتطبيق ما تعلموه نظرياً، تطبيقاً عملياً في أثناء قيامهم بالتدريس الفعلي في المدرسة الأمر الذي يعمل على إكسابهم المهارات التدريسية المنشودة ويحقق الإلفة بينهم وبين العناصر البشرية والمادية للعملية التعليمية.

مما سبق يمكن تعريف التربية العملية بأنها برنامج تدريبي هادف ومخطط له من قبل مؤسسات إعداد المعلم على مدى فترة زمنية محددة وتحت إشرافها، يتاح من خلاله الفرصة للطالب/ المعلم بتطبيق الخبرات التربوية والنفسية التي تعلمها في الواقع الميداني(المدارس) وذلك لتحقيق الإلفة بينه وبين العناصر البشرية والمادية في العملية التعليمية وإكسابه الكفايات اللازمة للقيام بمهنة التدريس في المستقبل.

ثانياً: أهمية التربية العملية:

تعتبر التربية العملية من أهم جوانب إعداد المعلم قبل الخدمة وجـزءاً مهمـاً في برامج إعداد المعلمين في معاهـد وكليـات إعداد المعلمين. ويمكن تلخيص أهمية

التربية العملية في هذه النقاط:

١- تدعيم الإعداد المهني للمعلم: حيث إن الإعداد المهني في برامج إعداد المعلم لا يمكن أن يكتمل دون التربية العملية.

٢- الربط بين الجانب النظري والجانب العملي في برامج إعداد المعلم:بمعنى انه من خلال التربية العملية تتاح الفرصة للطالب/ المعلم تطبيق ما تعلمه من مقررات نظرية تربوية و أكاديمية وما تشمله برامج التربية العملية من مقررات وتدريبات في الواقع الميداني.

٣- إضفاء الواقعية على برامج إعداد المعلم: فمن خلال التربية العملية يدرك الطالب/ المعلم واقع مهنة التدريس وواقع المؤسسات التعليمية والمدارس التي سوف يعمل بها مستقبلاً.

٤- تدريب الطالب/ المعلم على ممارسة مهارات التدريس:إن اكتساب الطالب المعلم مهارات التدريس التي تعلمها نظرياً لا يمكن أن يتم بدون تربية عملية وتدريب ميداني، مهما كانت جودة وكفاءة برامج إعداد المعلم ومهما كانت كفاءة وجودة المقررات النظرية الخاصة بالإعداد المهني والأكاديمي والثقافي المشتمل عليها هذا البرنامج، وذلك لان اكتساب المهارات عموماً ومهارات التدريس بالطبع لا يمكن ان يتم دون ممارسة فعلية وتمرين عملي الأمر الذي تتيحه التربية العملية.

٥- تدرب الطالب/ المعلم على مهارات اجتماعية مهمة: فالتربية العملية تتيح للطالب/ المعلم الفرصة للمواجهة الفعلية مع التلاميذ من خلال مواقف تدريس مباشرة ومن ثم تقلل من هيبة مواجهة التلاميذ وتزيد من ثقته بنفسه، وتمكنه من التعامل والتفاعل مع الآخرين ومن القدرة على القيادة والعمل في فريق،

والقدرة على التصرف السليم واتخاذ القرار في المواقف الصعبة. والشكل التخطيطي التالي يوضح النقاط سابقة الذكر:

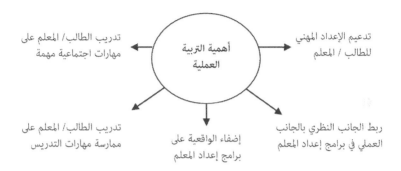

تدعيم الإعداد المهني للطالب / المعلم

تدريب الطالب/ المعلم على مهارات اجتماعية مهمة

أهمية التربية العملية

تدريب الطالب/ المعلم على ممارسة مهارات التدريس

إضفاء الواقعية على برامج إعداد المعلم

ربط الجانب النظري بالجانب العملي في برامج إعداد المعلم

شكل رقم (١٦) يوضح أهمية التربية العملية

ومن منطلق أهمية التربية العملية تتضح أهدافها كما يلي :

ثالثاً : أهداف التربية العملية:

تهدف التربية العملية إلى تطبيق المبادئ والأفكار النظرية في الواقع الفعلي وتنمية الكفايات اللازمة لمعلم المستقبل.ويمكن تلخيص أهداف التربية العملية في النقاط التالية:

١-   تساعد الطالب/ المعلم على فهم طبيعة المهنة التي سيمارسها مستقبلا من حيث مسئولياتها ومهامها بطريقة أكثر عمقاً ووعياً فتزيد من ثقته بنفسه.

٢-   التعرف على مكونات النظام المدرسي.

٣- تساعد الطالب/ المعلم على اكتشاف قدراته على القيام بالتدريس، وذلك من خلال التجربة الواقعية التي يعيشها في الميدان.

٤- تنمية مهارات التدريس لدى الطالب/ المعلم والتي تعرف على الكثير منها من خلال المقررات التربوية والنفسية بصفة عامة. ومن خلال مقرر طرق التدريس بصفة خاصة.

٥- مساعدة الطالب/ المعلم، على فهم طبيعة المتعلمين وخصائصهم وكيفية التعامل معهم، والتعرف على ميولهم وقدراتهم واستعداداتهم في مواقف تعليمية حقيقية.

٦- تدريب الطالب/ المعلم على كيفية التعامل والتفاعل مع الجو المدرسي العام.

٧- التعرف على البيئة المدرسية عن قرب وبواقعية، والاطلاع على نظم الإدارة المدرسية والتنظيمات الداخلية بالمدرسة، والتعرف على ادوار المعلم المتعددة في مواقع العمل الحقيقية.

٨- إكساب الطالب/ المعلم بعض الاتجاهات الموجبة نحو التلاميذ ومهنة التدريس، كما يتعرف على بعض المشكلات المتعلقة بعملية التعليم والتعلم، وكيفية مواجهتها والتغلب عليها بطريقة صحيحة.

٩- تنمية القدرة على النقد الموضوعي البناء، وتقبل النقد دون حساسية وبرضا مما يساعد على تقويم ذاته وفق معايير مقبولة.

١٠- إكساب الطالب/ المعلم الكفايات اللازمة للقيام بمهامه المختلفة مثل المساهمة في الأنشطة الصفية واللاصفية، والإشراف عليها،

وممارسة القيادة التعليمية،من خلال توجيه تلاميذه وإدارة الأنشطة التربوية وخدمة البيئة، والتوجيه والإرشاد للطلاب، والتطوير والإبداع في جميع ما يؤكل إليه من مهام مرتبطة بمهمته.

١١- إكساب الطالب/ المعلم المهارات الاجتماعية اللازمة من خلال إقامة علاقات إنسانية طيبة مع تلاميذه، والتفاعل الايجابي مع زملائه ورؤسائه والموجهين والمشرفين على برامج التربية العملية، واحترام العمل وتحمل المسئولية والقدرة على اتخاذ القرار المناسب في الوقت المناسب.

رابعاً : مراحل برنامج التربية العملية:

المرحلة الأولى:مرحلة الإعداد للتربية العملية(خبرات سابقة للتربية العملية):

وفيها يتم تقديم خبرات للطالب/ المعلم خلال السنوات السابقة للتربية العملية، وقد يبدأ بعضها في العام الأول لالتحاقه بمؤسسات إعداد المعلم وتهدف إلى تهيئته نفسياً واجتماعيا،للانخراط في سلك التدريس، وذلك من خلال العديد من البرامج والمقررات والتدريبات كمقرر مبادئ علم النفس، أو المدخل إلى التربية وعلم النفس ، كما يتم تقديم بعض هذه الخبرات من خلال دراسة مقررات المناهج وطرق التدريس وما يصاحبها من تدريبات عملية من خلال التدريس المصغر ، وذلك لإضفاء الصبغة التطبيقية أو الوظيفية للمقررات التربوية .مما يعالج مشكلة الفجوة بين النظرية والتطبيق في مجال التربية بصفة عامة، ومجال التدريس بصفة خاصة.

المرحلة الثانية:التطبيق العملي(الميداني):

وهى فترة التدريس الموجه التي يقضيها الطالب/ المعلم في مدرسة التطبيق

التي تحددها الكلية ، وتمثل هذه الفترة الخبرة المباشرة له مع التلاميذ في المدارس داخل

حجـرات الدراسـة وخارجهـا تحـت إشراف وتوجيـه أعضـاء مـؤهلين مـن هيئـة التـدريس

بالكلية.

وهذه المرحلة من التربية العملية تختلف بين منطقة وأخرى وبين دولة وأخرى، ولكـن

هنالك اتفاق على مبدأ أهمية التدريب الميداني.

ففي بعض الدول نجد أن التدريب الميداني في كليات إعـداد المعلمـين يتم عـلى فترتين

على النحو التالي:

الفرقة	الفصل الدراسي	فترة التدريب
الفرقة الثالثة	الفصل الدراسي الثاني	تأخذ احد الأشكال التالية: ١- قضاء الفصل بأكمله في التدريب **المتصل** ٢- تحديد الفترة (مـثلا بثمانيـة أسـابيع) وفيها إمـا أن يباشر الطالب/ المعلم التدريب طيلة أيـام الأسبوع أو أن تجـزأ فتـرة التـدريب إلى فترتين بحيث تكون ستة أسابيع تدريب منفصل، ويباشر الطلاب فيها التدريب لمدة يوم واحد في الأسبوع، ثم يلي ذلك أسـبوعين من التدريب المتصل حيث يقضى الطالب كـل الأسـبوع متـدرباً بالمدرسة.
الفرقة الرابعة	الفصل الدراسي الأول	ويتم بنفس الطريقـة في الفصل الـدراسي الـسابق(في الفرقـة الثالثة) متواصل أو **منفصل** **ومتصل** مـع زيـادة فتـرة التـدريب المتصل في حالة **المنفصل والمتصل** ليصبح ثلاثة أسـابيع بـدلا من أسبوعين.

ويمكن تقسيم هذه المرحلة من مراحل التربيـة العمليـة(مرحلـة التطبيـق العملـي) في حالة التدريب منفصل ومتصل إلى المراحل التالية:

١- مرحلة المشاهدة:

في هذه المرحلة يقوم معلم المدرسة الأصلي بالتـدريس بينما يقـوم الطـلاب المتـدربين (طلاب التربية العملية) والمشرف المرافق لهم بالمشاهدة، وتدوين ما يرونه من ملاحظات.

ويعد انتهاء حصص المشاهدة يتم عقد اجتماع بين المشرف وطلابه لطرح وجهات النظر المختلفة حول الحصص التي تمت مشاهدتها وذلك من خلال ما تم تدوينه من ملاحظات أثناء مشاهدة الحصص. وقد تكون فترة المشاهدة أسبوع أو اثنين أو ثلاثة أسابيع، وذلك يكون حسب تقدير المشرف على الطلاب، وحاجات الطلا ب وظروف المدرسة.

أهداف مرحلة المشاهدة:

لمرحلة المشاهدة أهداف عديدة أهمها ما يلي:

١- التقليل من الخوف والرهبة التي قد تنتاب الطالب/ المعلم في البداية.

٢- تساعد الطالب/ المعلم على اكتساب مهارات التدريس.

٣- تساعد الطالب/ المعلم على أن يتعرف على طرق وأساليب جديدة في التدريس.

٤- اكتساب مهارات التعامل مع الطلاب داخل الفصل.

٥- تساعد الطالب /المعلم وتبصره بالصعوبات التي يمكن ان تواجهه وبالتالي يستعد لها قبل بداية التطبيق العملي.

٢- مرحلة التدريب المنفصل:

فيها يقوم كل طالب من طلاب المجموعة بتدريس حصة أو اثنين حسب عدد الحصص المتاح في المدرسة وذلك في يوم التدريب المخصص لذلك.

حيث يقوم إحدى الطلاب /المعلمين من المجموعة بالتدريس في حين تقوم بقية المجموعة والمشرف بالمشاهدة وتدوين ما يرونه من ملاحظات في بطاقة الملاحظة المعدة لذلك. وبعد انتهاء الحصة يكون هنالك اجتماع بين المشرف

وطلابه بما فيهم الطالب/ المعلم الذي قام بالتدريس ويتناولون ما تم ملاحظته وتدوينه بالدراسة والتحليل والنقد والتقويم.

وقد تمتد فترة التدريب المنفصل ست أسابيع وقد تكون أقل على حسب الوقت المتاح للتدريب.

أهمية مرحلة التدريب المنفصل:

١- تنمى لدى الطالب/ المعلم اتجاهات ايجابية مثل تقبل الرأي الآخر والنقد البناء من الآخرين.

٢- تساعد الطالب/ المعلم على تحمل المسئولية والقدرة على المواجهة.

٣- من خلال الممارسة الفعلية للتدريس تزداد الإلفة بين الطالب /المعلم والتدريس بأساليبه المختلفة.

٤- تساعد الطالب/ المعلم على كيفية نقد وتقييم زملائه تقييماً بناءاً.

٣-مرحلة التدريب المتصل:

هذه المرحلة تلي مرحلة التدريب المنفصل وفيها ينقطع الطالب/ المعلم عن الحضور للكلية، ويقضى كل وقته الدراسي في مدرسة التدريب،حيث ينصهر في البيئة المدرسية ويتعايش معها بصورة كاملة، ويكون مسئول مسئولية كاملة عن عملية التدريس من تخطيط وتنفيذ وتقويم.

ويقوم الطالب /المعلم بتدريس ما توفره له مدرسة التدريب من حصص للطلاب وفي حدود الفترة الزمنية لمرحلة التدريس الفعلي في برنامج التربية العملية المتصل. وتستمر فترة التدريب المتصل أسبوعين أو ثلاثة أسابيع حسب الفترة المتاحة للتدريب.

أهمية مرحلة التدريب المتصل:

١- تساعد الطالب/ المعلم على تحمل المسئولية والاستقلالية في العمل.

٢- القدرة على اختيار طرق واستراتيجيات مناسبة للتدريس.

٣- تساعد الطالب/ المعلم على كيفية إدارة الصف والتصرف في المواقف الطارئة بنجاح.

٤- تتيح الفرصة للطالب/ المعلم للمشاركة في الأنشطة المدرسية المختلفة (الثقافية والدينية والاجتماعية وغيرها).

٥- التغلب على الصعوبات والمشكلات التي قد تظهر عند التعامل مع التلاميذ.

٦- تساعد الطالب/ المعلم على التقييم الذاتي والوقوف على نقاط القوة والعمل على تعزيزها ونقاط الضعف والعمل علاجها.

خامساً : مهام وأدوار الأطراف المشاركة في التربية العملية:

برنامج التربية العملية تشترك فيه مجموعة من الأطراف ،تتمثل في كليات التربية،والطلاب المعلمون الذين هم محور برنامج التربية العملية، والمشرفون على هؤلاء الطلاب، و المدارس التي يتم فيها التدريب الميداني.. ولكل طرف من هذه الأطراف مهام وادوار ينبغي القيام بها حتى تتحقق الأهداف المرجوة من برنامج التربية العملية وذلك على النحو التالي:

أولاً: مهام كليات التربية:

تبدأ التربية العملية من كليات التربية، لذا كان على المسئولين في هذه الكليات القيام بالمهام والأدوار التالية:

١- تقديم خبرات تمهيدية للطلاب قبل برنامج التربية العملية، ويكون ذلك غالباً في السنة السابقة أو في الفصل الدراسي السابق لبداية تطبيق التربية العملية، من خلال عدد من المقررات مثل، مبادئ التدريس، أو مدخل لمهارات التدريس أو مدخل في طرق التدريس، ومقرر طرق التدريس.

٢- التخطيط الجيد لبرنامج التربية العملية.

٣- اختيار المدارس التي يتم فيها التدريب الميداني مع مراعاة مناسبتها لإعداد الطلاب المتدربين، ورغبة هذه المدارس في استقبال هؤلاء الطلاب ورغبة الطلاب في المدارس التي يتدربون فيها.

٤- توزيع الطلاب في مجموعات صغيرة تتراوح بين الخمس أو ست طلاب في المجموعة الواحدة بحيث لا يزيد عدد الطلاب في المجموعة الواحدة عن عشرة طلاب.

٥- ترشيح المشرفين على مجموعات التدريب الميداني من المتخصصين في مجالات التدريس المختلفة.

٦- تحديد مواعيد بداية ونهاية برنامج التربية العملية، وتحديد فترات التدريب المنفصل والمتصل وفقاً للقواعد المنظمة للعمل بالكلية.

٧- تصميم استمارة متابعة أسبوعية لحضور الطلاب / المعلمين والمشرف.

٨- تصميم استمارات تقويم الطالب/ المعلم مفصلة البنود، يلتزم المشرف بها عند تقييمه لأداء الطالب / المعلم.

٩- عمل قاعدة بيانات للاحتفاظ بها والاستفادة منها مستقبلاً.

١٠- عقد لقاءات دورية مع المشرفين والموجهين لمتابعة سير العمل ولحل المشكلات التي قد تعترض سير العمل.

١١- عقد لقاء نهائي مع المشرفين بمقر الكلية لتسليم درجات الطلاب في التدريب الميداني ومناقشة المشكلات التي واجهتهم والعمل على تلافيها مستقبلاً.

ثانياً: مهام الطالب/ المعلم:

الطالب/ المعلم هو الشخص المعنى ببرنامج التربية العملية، لذلك ينبغي عليه أن يقوم بعدد من الأدوار والمهام والتي يمكن تلخيصها أهمها في النقاط التالية:

١- أن يعي أهمية التربية العملية في تنميته شخصياً ومهنياً.

٢- أن يستفيد من برنامج التربية العملية إلى أقصى حد ممكن.

٣- الالتزام بالدوام المدرسي المحدد من قبل المدرسة التي يتم التدريب فيها.

٤- أن يهتم بمظهره ويلتزم بالحشمة في الملبس، حتى يظل قدوة لتلاميذه، ومصدراً لاحترامهم وتقديرهم.

٥- التعاون مع إدارة المدرسة وأعضاء الهيئة التدريسية والاستفادة من خبراتهم .

٦- التعاون مع المشرف والالتزام بتوجيهاته ونصائحه.

٧- الالتزام باللوائح المنظمة للعمل في المدرسة وعدم الخروج عنها لأي سبب من الأسباب.

٨- المشاركة في الطابور الصباحي والأنشطة اللامنهجية التي تقدمها المدرسة.

٩- إقامة علاقات طيبة مع إدارة المدرسة والمشرف الجامعي والمشرف التربوي (الموجه) ومع تلاميذه لضمان نجاح عملية التعليم.

١٠- الاهتمام بتحضير الدروس متبعاً إجراءات تخطيط الدروس المتعارف عليها.

١١- مناقشة أدائه التدريسي مع المشرف أو الموجه بمشاركة زملائه وتقبل النقد بصدر رحب، والاعتراف بمواطن القصور في أدائه والعمل على إصلاحها.

١٢- إبلاغ المسئولون عن برنامج التربية العملية بالكلية بالصعوبات والمشكلات التي تواجهه هو وزملائه بمدرسة التدريب.

١٣- اطلاع أساتذة المناهج وطرق التدريس بالصعوبات العلمية التي تواجهه أثناء التدريب الميداني للعمل على التغلب عليها وإيجاد الحلول لها.

١٤- الاطلاع على كل ما هو جديد وحديث في مجال التدريس ومهاراته لاكتساب مزيد من الخبرة.

١٥- الاهتمام بجلسات النقد والمشاركة في نقد زملائه بأسلوب مهذب واحترام أرائهم والمناقشة بموضوعية دون تعصب واستبداد بالرأي.

١٦- الالتزام بدخول الفصل في الوقت المحدد، والاهتمام بتهيئة بيئة الصف من تهوية وإضاءة وغيرها والخروج بعد انتهاء الزمن المحدد للحصة.

ثالثاً: مهام المشرفين:

المشرف على التربية العملية عادة ما يكون متخصص تربوي، يعمل على توجيه الطلاب المعلمين أثناء فترة التربية العملية، ويعتبر دوره من أهم الأدوار في التدريب الميداني، ويعتمد عليه نجاح التربية العملية بقدر كبير ومن أهم مهامه ما يلي:

١- توزيع الحصص على أفراد مجموعة الطلاب المتدربين وفقاً لنظام محدد يتيح فرصاً متساوية لكل متدرب في المجموعة.

٢- الاتفاق مع طلاب المجموعة على مواعيد الحضور والانصراف وكافة الأمور الإدارية، بما لا يتعارض مع نظم ولوائح المدرسة التي يتم فيها التدريب.

٣- متابعة حضور وغياب الطلاب المتدربين وإبلاغ الجهة المسئولة عن برنامج التربية العملية بالكلية بأسماء الطلاب، غير المنتظمين في الحضور، أو المتغيبين تماماً عن المدرسة.

٤- الالتزام بالحضور مع طلابه من بداية اليوم الدراسي وحتى نهايته، وذلك حتى يتسنى له توجيههم، وحل المشكلات التي تواجههم، في مدرسة التدريب.

٥- الالتزام بالتوجيهات والتعليمات الإدارية والتنظيمية التي تصدرها الكلية قبل بداية برنامج التربية العملية.

٦- التنسيق مع معلمي التخصص في المدرسة لاختيار الدروس، أو الوحدات التي سيكون الطلاب المتدربين مسئولون عن تدريسها.

٧- تدريب الطلاب على كيفية التخطيط للدروس، ومتابعتهم في ذلك بصورة مستمرة، وتصويب الأخطاء التي ترد في دفتر التحضير.

٨- شرح النقاط العلمية والفنية الصعبة، للطلاب المتدربين في الدروس المكلفين بشرحها للتلاميذ،وذلك قبل دخولهم الحصص الفعلية.

٩- حضور الحصص من بدايتها إلى نهايتها مع الطلاب المتدربين، لمتابعة أدائهم التدريسي وتقويم ذلك.

١٠- عدم التدخل في مجريات الحصة حتى لا يشعر الطالب/ المعلم بالحرج أمام التلاميذ.

١١- التدخل في الحصة بشكل تربوي سليم عندما تكون هنالك أخطاء كبيرة في شرح الطالب المعلم.

١٢- تسجيل ملاحظاته حول أداء الطلاب المتدربين خلال حضوره الحصص في استمارة تقييم الأداء التدريسي، أو في سجله الخاص به.

١٣- الاجتماع بأفراد المجموعة المتدربة بعد نهاية الحصص المكلفين بتدريسها،لمناقشة نقاط القوة والقصور في الأداء التدريسي لكل منهم، وتقديم المقترحات لهم لتطوير أدائهم، في المواقف القادمة.

١٤- توجيه الطلاب المتدربين ونقل خبرته إليهم بأسلوب تربوي مهذب،ليس فيه تعالى عليهم.

١٥- توجيه الطلاب ذوى المستوى التدريسي المنخفض لتطوير مستواهم.

١٦- الالتزام بالسرية عند وضع الدرجات النهائية للطلاب، وتسليم الاستمارات الخاصة برصد الدرجات في مظروف مغلق للمسئولين عن برنامج التربية العملية بالكلية.

رابعاً:مهام إدارات المدارس:

المدرسة التي يتم اختيارها ضمن مدارس التدريب يقوم مديرها بعدد من المهام تجاه الطلاب المتدربين أهمها:

١- الترحيب بالطلاب المتدربين ، في اليوم الأول من التربية العملية، واطلاعهم على اللوائح المنظمة للعمل داخل المدرسة والتأكيد على الالتزام بها.

٢- تعريف المتدربين بالفصول الدراسية وتهيئة طلاب المدرسة لاستقبالهم.

٣- توفير مكان مناسب للطلاب المتدربين حتى يتسنى لهم الاجتماع بمشرفيهم، لتلقى التوجيهات، الخاصة ببرنامج التربية العملية.

٤- العمل على دمج الطلاب المعلمين في مجتمع المدرسة وذلك من خلال دعوتهم للمشاركة في الأنشطة المدرسية اللامنهجية.

٥- متابعة حضور وانصراف الطلاب المتدربين أثناء فترة الدوام المدرسي.

٦- متابعة الطلاب المتدربين لمعرفة مدى مشاركتهم وتفاعلهم مع الأنشطة المدرسية .

٧- التأكيد على تعاون معلمين المدرسة مع الطلاب المتدربين وتسهيل حصولهم على كل ما يحتاجونه من وسائل وأدوات.

٨- إخطار المسئولين عن التربية العملية بكليات التربية عن أي مشكلات تعوق سير التربية العملية حتى يتم إيجاد الحلول اللازمة لها.

٩- كتابة تقرير شامل ومفصل بعد انتهاء فترة التربية العملية متضمناً كل الايجابيات والسلبيات التي صاحبت فترة التربية العملية، وذلك للعمل على تدعيم الايجابيات وعلاج السلبيات مستقبلا. الشكل التالي يوضح الأطراف المشاركة في برنامج التربية العملية:

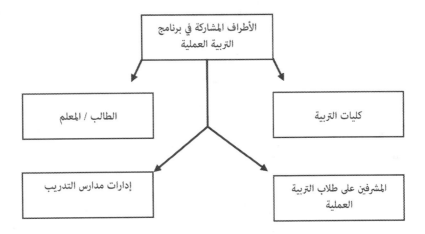

شكل رقم(١٧) يوضح الأطراف المشاركة في برنامج التربية العملية

تقويم الطالب/ المعلم في برنامج التربية العملية:

عملية تقويم الطالب / المعلم من الأدوار التي ينبغي أن يقوم بها المشرفين على

التربية العملية، ويهدف تقويم الطالب/ المعلم في برنامج التربية العملية إلى ما يلي:

١- توجيه الطالب /المعلم لتحسين الأساليب والطرق التي يستخدمها في التدريس.

٢- مساعدة الطالب/ المعلم لإيجاد بيئة صفية مناسبة للتعليم والتعلم.

٣- الاهتمام بالنمو المهني للطالب المعلم وتوجيهه للمشاركة الفعالة في بيئة الصف

الدراسي والبيئة المدرسية والمحلية.

٤- تعريف الطالب /المعلم بنتائج أدائه التدريسي ومحاولة تعزيز جوانب القوة وإصلاح وتحسين جوانب الضعف والقصور.

جوانب تقويم الطالب / المعلم في برنامج التربية العملية:

هنالك عدة جوانب يجب أخذها في الاعتبار عند تقويم أداء الطالب/ المعلم في برنامج التربية العملية أهمها:

أولاً:الصفات الذاتية المتعلقة بشخصية الطالب /المعلم:

وهذا الجانب يتضمن الحيوية والنشاط ، والخلو من العاهات، والقدرة على التعبير، والاهتمام بالمظهر العام، والقدرة على التصرف،والاتزان الانفعالي، والصفات الخلقية المرغوبة، كالإخلاص في العمل والتمسك بالمبادئ والمثل العليا وغيرها من الصفات، وذلك لان هذه الصفات التي تتكون منها شخصية الطالب /المعلم هي التي تؤدى إلى احترامه وتأثيره في الآخرين.

ثانياً: التكوين المهني والقدرة على التدريس:

وتتضمن إلمام الطالب/ المعلم بمادته العلمية ومدى حرصه على زيادة معلوماته فيها، والاهتمام بما يستجد في هذه المادة وفي المواد التربوية المهنية. كما تشمل هذه الناحية طرق التدريس التي يستخدمها الطالب /المعلم وقدرته على جذب انتباه التلاميذ للتوصل إلى المعلومات بأنفسهم ، واستخدامه للوسائل التعليمية، واستجابته للتوجيه ، والاستفادة من برامج التدريب، واستعداده لتجريب الجديد من طرق التدريس.

ثالثاً: اثر الطالب /المعلم في الجو المدرسي العام:

ويشمل مدى مشاركته في الأنشطة المدرسية المختلفة، وترحيبه بما يكلف

به من أعمال خارج نصابه التدريسي ، كالمشاركة في العمل الإداري ، كما تشمل علاقاته بإدارة المدرسة وزملائه وتلاميذه ومشرفه ، مما يجعل لوجوده بين أفراد أسرة المدرسة أثراً ملموساً في الجو المدرسي العام.

رابعاً: احترام الطالب/ المعلم للمواعيد وحرصه على وقت التلاميذ:

وذلك من خلال مواظبته على تأدية عمله دون إبطاء أو تأخير ويشمل ذلك أيضاً حرص الطالب / المعلم على البقاء بالمدرسة اكبر وقت ممكن بما يبعث على الاستقرار والرضا في الجو المدرسي.

أدوات تقويم الطالب المعلم في برنامج التربية العملية:

توجد طرق وأدوات عديدة ومتنوعة لتقويم أداء الطالب/ المعلم وقياس قدرته على التدريس الفعال في برنامج التربية العملية، وذلك يرجع لكثرة الجوانب التي تحتاج إلى تقويم في أداء الطالب/ المعلم، فهنالك الجانب العقلي المعرفي، والمهاري(النفسحركي) والوجداني، والاجتماعي، علاوة على ما يتميز به الطالب/ المعلم من خصائص شخصية وأخلاقية وثقافية، فهذه الجوانب كلها بحاجة إلى طرق وأدوات لتقويمها ومتابعة نموها في شخصية الطالب/ المعلم، ومن أهم تلك الطرق والأدوات طريقة الملاحظة،و التي تستخدم فيها بطاقة الملاحظة التي تقوم بإعدادها الجهات المسئولة عن إعداد الطالب/ المعلم ومتابعة أدائه أثناء فترة التربية العملية.

وبطاقة الملاحظة تعد من أكثر الأدوات استخداماً في تقويم الطلاب/ المعلمين، وقياس مدى كفاءتهم وقدرتهم على التدريس، وهى تشتمل على قائمة للمهارات التدريسية، كما تشتمل على السمات الشخصية والمهنية التي

يجـب توافرهـا في الطالـب/ المعلم،ويستخدمها المـشرف الجـامعي، أو الموجـه التربـوي، أو مديرو المدارس وغيرهم من المسئولين عن متابعة وتقويم الطالب/ المعلم في فترة التربيـة العملية.

وفيما يلي نمـوذج لبطاقـة تقـويم الأداء التدريـسي للطالـب / المعلـم أثنـاء فـترة التربيـة العملية :

استمارة تقييم اداء المعلم لمهارات التدريس

اسم الطالب : .... الدرس : ....

الصف : ....التاريخ : ....

عنوان الدرس : ....الحصة: ....

الدرجة	جوانب التقييم	نقاط القوة	نقاط الضعف	البدائل المقترحة
	أولا : مهارات خاصة بتخطيط الدرس: ١- تحديد البيانات بالدرس بوضوح (التاريخ / اليوم/ الحصة / المكان)			
	٢- تحديد المحتوى العلمي المراد تعلمه بدقة والتأكد من صحة المادة العلمية وحداثتها(الاستعانة بمراجع علمية للتوثيق) وذلك بما يتناسب مع زمن الحصة .			
	٣- تحديد المفاهيم والعناصر الرئيسية للدرس بدقة وتنظيمها بشكل متسلسل ليسهل تعلمها .			
	٤- تحديد الأهداف السلوكية للدرس بحيث تكون : أ- مصاغة بطريقة إجرائية ممكنة التحقيق ومناسبة لمستويات التلميذات وخصائص نموهم. ب - شاملة لجميع مفردات وعناصر الدرس ج - شاملة لجوانب التعليم المتطلبة (عقلية معرفية / وجدانية / نفسحركية) د - متنوعة في مستوياتها مع التركيز على مستويات التفكير العليا وعدم الاقتصار على المستويات الدنيا في التفكير .			
	٥ - تحديد متطلبات التعليم السابقة .			
	٦- تحديد انسب طرق واستراتيجيات التدريس المناسبة لتحقيق الأهداف ومستويات التلميذات.			

الدرجة	جوانب التقييم	نقاط القوة	نقاط الضعف	البدائل المقترحة
	٧- تحديد الوسائل التعليمية المتطلبة للدرس بحيث تكون: ● مناسبة للأهداف . ● مناسبة للإمكانات المتوافرة في البيئة. ● صحيحة علميا مع مراعاة عدم تعقيدها وحداثيتها، ومراعاتها للقيم . ● إخراجها بشكل مناسب مع وضع نموذج لها بدفتر التحضير.			
	٨- تحديد إجراءات السير في الدرس (تنفيذه) كالتالي : أ- تحديد تهيئة مناسبة للدرس لاستثارة دافعية التلاميذ (حدث جاري / أسئلة مثيرة للتفكير / عرض عملي / فزورة ..إلخ)			
	ب- تكتب عرضا واضحا للأنشطة التعليمية التي ستتبع في الدرس بما يتناسب مع الأهداف والمحتوى العملي مع مراعاة الترتيب المنطقي والتسلسل والتنوع . ج - تضمين المفاهيم والقضايا المعاصرة أثناء كتابة الأنشطة التعليمية . د- تحديد الزمن المتطلب لتحقيق كل هدف / نشاط . هـ - تحديد أساليب تقييم مناسبة ومنوعة لقياس مدى تحقق الأهداف. و- تخطيط لكيفية إنهاء الدرس وغلقه بأسلوب شيق ومثير. ز- الاهتمام بتنسيق وإخراج الدفتر بصورة جيدة .			
	ثانيا: مهارات تنفيذ الدرس (النظري) ● قدمت التهيئة بطريقة جذابة مما ساعد على			

الدرجة		جوانب التقييم	نقاط القوة	نقاط الضعف	البدائل المقترحة
		جذب انتباه التلاميذ وإثارة دافعيتهم للتعلم .			
		• التزمت بالتوقيت الزمني الملائم والمحدد للتهيئة(٣ق)			
		• وضحت الهدف العام من الدرس مع عرض الإطار التنظيمي لعناصر الدرس . • راجعت الخلفية العملية المرتبطة بالدرس مع تصحيح الأخطاء (تقيين قبلي) والتي تعتبر بمثابة متطلبات تعلم سابقة .			
		• شرحت الدرس بأسلوب شيق وبلغة سليمة وصوت واضح وسرعة مناسبة لسن التلميذات . • راعت صحة المحتوى العلمي أثناء الشرح وركزت على المفاهيم والنقاط الأساسية مع الاهتمام بالتسلسل المنطقي وتحاشت الإطالة التي تشتت الانتباه وذلك بالاستعانة بالإطار التنظيمي لعناصر الدرس . • ضمنت الشرح بعض المفاهيم والقضايا المعاصرة وللأحداث الجارية ومشكلات البيئة المرتبطة بالدرس بطريقة انسيابية دون افتعال . • راعت التنوع والمرونة في طرق وأساليب التدريس لتحقيق الأهداف المرجوة وزيادة فاعلية التلاميذ مع مراعاة الفروق الفردية والاستعانة ببعض الأمثلة التوضحية.			
		٩- استخدمت الوسائل التعليمية بطريقة صحيحة ومثيرة للانتباه لتوضيح المفاهيم الغامضة ، مع مراعاة (عرضها في الوقت المناسب / حجبها في الوقت المناسب)			

			١٠- حرصت على مشاركة التلميذات وتفاعلهم أثناء تنفيذ الأنشطة التعليمية .		
			١١- طرحت الأسئلة بطريقة صحيحة وواضحة ومفهومة ومحددة ومتنوعة ومراعية للفروق الفردية في بداية الدرس (تقويم مبدئي) وأثناء الدرس (تقويم بنائي) ونهاية الدرس (تقويم نهائي).		
			١٢- أعطت للطالبات الفرصة للتفكير في السؤال وإكمال الإجابة دون مقاطعة مع التعزيز المستمر وتصويب الأخطاء في الوقت المناسب لتشجيعهم على المشاركة الفعالة.		
			١٣- شجعت الطالبات على توجيه أسئلة وأجابت عليها مع تقديم تغذية راجعة مناسبة وتعزيز مناسب.		
			١٤- استخدمت السبورة بشكل مناسب لتوضيح المفاهيم الواردة في الدرس وتدوينها .		
			ثالثا : مهارات التقويم والخاتمة : ١- لخصت مفاهيم وعناصر الدرس بدقة بمشاركة التلميذات وركزت على المفاهيم الأساسية بالاستعانة بالإطار التنظيمي لعناصر الدرس .		
			٢-استخدمت أساليب تقييم متنوعة وشاملة لجميع عناصر الدرس (شهفي / تحريري / فردي / جماعي) ومناسبة لمستوى التلميذات ومراعية للفروق الفردية بينهن للتأكد من تحقيق أهداف الدرس في جوانب التعليم المختلفة .		
			٣- أجرت عملية المراجعة والتحسين بتكليف التلميذات بأنشطة تطبيقية إضافية متنوعة لمراعاة الفروق الفردية .		

			٤- كلفت التلميذات بعمل واجب منزلي تطبيقي لتطبيق ما تم تعلمه في حياتهم اليومية .
			٥- انهت الدرس بطريقة مخطط لها نهاية جذابة وفي الوقت المحدد. ● نهاية أكاديمية (بالتركيز على المفاهيم الأساسية في الدرس) ● نهاية اجتماعية (بالتركيز على الجوانب الاجتماعية والأخلاقية)
			مهارة إدارة الصف : - تنظيم بيئة الصف بما يلائم أهداف الدرس .
			- تدير الوقت الصفي بكفاءة . - تحسن التصرف في المواقف الطارئة . - تستخدم طرق وأساليب التعزيز اللفظي وغير اللفظي . - تنمي روح التعاون بين التلميذات من خلال احترام شخصيتهن. - تفهم ميولهن واتجاهاتهن . - توزيع الاهتمامات عليهن مع مراعاة الفروق الفردية
			مهارات خاصة بسلوك وشخصية الطالب/ المعلم: - تلتزم بتعاليم الدين في المظهر والسلوك . - تتسم بالجدية واتزان الشخصية والثقة بالنفس وتجنب الانفعال . - تتسم بالحيوية ووضوح الصوت ومرونته وتغيير سرعته ونبرته عند الشرح . - تستخدم تعبيرات الوجه لإمداد التلميذات بتغذية راجعة .

		- تتحرك أثناء الدرس حركة محسوبة تساعد التلميذات على المتابعة والتركيز. - تتقبل النصيحة والإرشاد والتوجيه وتعدل سلوكها.			
		المشاهدة والتقييم لزميلتها : تقييم زميلتها بموضوعية باستخدام استمارة التقييم وتستخرج نقاط القوة والضعف. تقترح البدائل لتحسين في ضوء نتائج التقييم.			

اسم المشرف :.. التوقيع : ....

الفصل العاشر

التدريس المصغر

الفصل العاشر

التدريس المصغر

- مفهوم التدريس المصغر

- الفرضيات التي يستند إليها التدريس المصغر

- خصائص التدريس المصغر

- خطوات تنفيذ التدريس المصغر

- مزايا التدريس المصغر

الأهداف :

في نهاية هذا الفصل ينبغي أن يكون كل طالب قادراً على أن :

- يستنتج المقصود بمفهوم التدريس المصغر.

- يحدد الفرضيات التي يستند إليها التدريس المصغر .

- يوضح خصائص التدريس المصغر.

- يشرح الخطوات التي تتبع عند تنفيذ التدريس المصغر .

- يستنتج مزايا التدريس المصغر .

الفصل العاشر

التدريس المصغر (Micro-Teaching)

(كأسلوب من أساليب التدريب على التدريس)

مقدمة:

يعتبر التدريس المصغر من ابرز الإبداعات التربوية في مجال التدريب على مهارات التدريس وقد كانت نشأته الأولى عام ١٩٦٣م بالولايات المتحدة الأمريكية في جامعة ستانفورد Stanford حيث كان الغرض الأساسي من تصميمه تدريب الطلاب/المعلمين على مهارات التدريس في معاهد وكليات المعلمين أو التربية داخل معامل طرق التدريس(معامل التدريس المصغر) وذلك كخطوة تسبق تدريبهم على التدريس في المدارس من خلال برنامج التربية العملية. ثم استخدم التدريس المصغر بعد ذلك في برامج التربية العملية في بعض الجامعات الأوربية، ولاسيما في الجامعات البريطانية في بداية السبعينات من القرن الماضي، ثم انتقل هذا النمط من التدريس إلى العالم العربي في منتصف السبعينات،وقد طبق في كثير من الجامعات وكليات المعلمين، حتى أصبح معروفاً وممارساً بين المهتمين بأمر إعداد المعلمين وتدريبهم في مختلف المراحل والتخصصات.

وقد نشأت فكرة التدريس المصغر بناءً على مسلمة مؤداها أن عملية التدريس عملية مركبة ومعقدة، وأن التدريب عليها لأول مرة من قبل الطالب/المعلم من خلال التدريب الميداني وفي فصل دراسي يعج بالتلاميذ يعد امراً مربكاً قد يؤدى به إلى الشعور بالعجز في قيامه بالتدريس.لذا جاءت

فكرة التدريس المصغر لحل هذا الإشكال، ومؤداها انه يمكن تجزئة عملية التدريس إلى عدد من المهارات الفرعية، وانه يمكن التدريب على كل مهارة منها على حدة من خلال موقف تدريسي مصغر يتم فيه التقليل من تعقد هذا الموقف عن طريق اختصار زمن هذا الموقف وتقليل عدد الأفراد الذين يواجههم الطالب/ المعلم أثناء عملية التدريب،على أن يتم تسجيل أدائه للمهارة حتى يسهل تزويده بتغذية راجعة عن هذا الأداء، ومن ثم عليه أن يحسن من أدائه للمهارة في ضوء هذه التغذية الراجعة من خلال إعادة التدريب على هذه المهارة.

في ضوء ما سبق يمكن التوصل إلى تحديد مفهوم التدريس المصغر كالتالي:

مفهوم التدريس المصغر:

يعتبر التدريس المصغر أسلوباً من أساليب تدريب الطلاب/ المعلمين على مهارات التدريس وهو يمثل صورة مصغرة للحصة ، أو ربما يمثل جزءاً من أجزاء الدرس، أو مهارة من مهارات التدريس، يتم تحت ظروف مضبوطة، ويقدم لعدد محدود من الطلاب / المعلمين في طور الإعداد،أو المعلمين المتدربين.

وقد عرف بأنه موقف تدريسي بسيط يتدرب فيه الطالب / المعلم، أو المعلم في الميدان على مواقف تعليمية حقيقية مصغرة، تشبه غرفة الفصل العادي، غير أنها لا تشتمل على العوامل المعقدة التي تدخل عادة في عملية التدريس، ويتم التدريب فيه على مهارة تدريسية واحدة أو مهارتين، بغية إتقانهما قبل الانتقال إلى مهارات أخرى.

كما عرف بأنه موقف تعليمي تعلمي يتناول جزءاً مصغراً من موضوع أو مهارات محددة، يتم تعليم هذا الجزء المصغر لعدد محدود من المتعلمين وذلك في وقت قصير لا يتجاوز دقائق معدودة.

الفرضيات التي يستند إليها التدريس المصغر:

استند التدريس المصغر إلى عدد من الفرضيات والتي يمكن تلخيصها في النقاط التالية:

١- التدريس سلوك يمكن تحليله إلى مهارات أدائية كما يمكن تطويره إلى حد كبير.

٢- التدريس عملية سلوكية معقدة تتطلب الكثير من المهارات.

٣- للممارسة دور في تزويد الطالب/المعلم بالخبرات المتعددة.

٤- يهدف التدريس المصغر إلى التقليل من تعقيدات التدريس في الفصل الدراسي العادي.

٥- الاهتمام بالتدريب كوسيلة لإنجاز واجبات محددة.

٦- إن التعرف على الأداء المتوقع يساعد المشرف على تقديم التغذية الراجعة لتعديل السلوك.

٧- الاهتمام بقدرات وإمكانات المتدرب فهو الذي يختار المحتوى ويحدد المهارة ويضع الخطة للتنفيذ.

خصائص التدريس المصغر:

في ضوء ما سبق يمكن تحديد خصائص التدريس المصغر كالتالي:

١- يركز التدريس المصغر على مهارة تدريسية واحدة، وبعد إتقانها ينتقل المتدرب إلى مهارة أخرى.

٢- يتم التدريب على المهارة على هيئة دروس مصغرة يكون فيها زمن التدريب من(٥-٣٠) دقيقة (حسب عدد المهارات ونوعيتها) وعدد

الحضور من(٤-١٠)من الزملاء في مجموعة التدريب مضاف لهم المشرف على التدريب.

٣- يتم التدريب عادة داخل قاعات مجهزة بكليات إعداد المعلمين.

خطوات تنفيذ التدريس المصغر:

يمر تنفيذ التدريس المصغر بمجموعة من الخطوات نوجزها في الأتي:

١- تحديد الأهداف السلوكية المراد تحقيقها في موقف التدريس المصغر.

٢- تحديد المهارة المراد إكسابها للمتعلم

٣- تحديد الأجهزة والمواد التعليمية اللازمة للموقف التعليمي.

٤- تحديد مجموعة الطلاب المراد تدريبهم.

٥- قيام أحد المتدربين بشرح جزء مصغر من موضوع محدد يتضمن مهارة أو مهارات معينة، أمام المشرف وزملائه الآخرين .

٦- تدوين الملاحظات حول الموقف التدريسي المصغر من قبل المشرف والطلاب المتدربين.

٧- نقد وتحليل المتدرب لأدائه ذاتياً، ونقد وتحليل المشرف والمتدربين الآخرين له أيضا، وتحديد نقاط القوة لتدعيمها، ونقاط القصور لتعديلها.

٨- قيام متدرب آخر أو المتدرب ذاته ،بإعادة شرح نفس الجزء متلافياً نقاط القصور والسلبيات التي تم تحديدها في المرة الأولى.

٩- يستمر تدوين الملاحظات حول شرح المتدرب، ثم يتم تحليله وتقييمه، حتى يصل المتدرب وزملاؤه إلى حد الإتقان للمهارة المراد التدرب عليها.

مزايا التدريس المصغر:

التدريس المصغر كأسلوب لتدريب الطلاب/ المعلمين له عدة فوائد ومميزات يمكن أن نوجزها في الأتي:

١- تنمية الاتجاهات الايجابية للمتدربين نحو ممارسة مهنة التدريس.

٢- إلمام المتدرب من خلال التدريس المصغر بالعديد من الاستراتيجيات التدريسية وأساليب تنفيذها.

٣- تمكين الطالب/ المعلم من السيطرة على الموقف التدريسي لأنه موقف تدريسي مصغر ومحدود من حيث الزمن وعدد الطلاب وكم المحتوى الدراسي ومن ثم يستشعر المتدرب ثقته بنفسه مما يسهل عليه اكتساب المهارة التي يتدرب عليها وإتقانها.

٤- إعطاء المتدرب الفرصة بإعادة التدريب على المهارة حتى يصل إلى مرحلة الإتقان.

٥- زيادة قدرة الطالب/المعلم على ممارسة المهارات التدريسية في الصفوف الدراسية الحقيقية.

٦- تعريف المتدرب بمستوى أدائه فور انتهائه من التدريس. وبالتالي يقف على ايجابيات هذا الأداء وسلبياته، من خلال تقييمه الذاتي لأدائه ، وأيضا مما يتلقاه من تغذية راجعة من زملائه والمشرف.

٧- إتاحة الفرصة للمتدربين للتركيز على مهارة تدريسية بشكل مكثف ومستقل، مما يمكنهم من إتقان كل مهارة من مهارات التدريس بصورة مستقلة ومنتظمة.

٨- يوفر الوقت والجهد، لأنه يتيح الفرصة للتدريب على عدد كبير من المهارات الضرورية في وقت قصير،وعدم إهدار الوقت والجهد في التدريب على مهارات قد أتقنها من قبل.كما يقلل من الحاجة إلى تدريس كل متدرب جميع المهارات، لأن المشاهدة والمناقشة تفيد المشاهد مثلما تفيد المتدرب.

٩- يمكن استخدامه في اختبار قدرات المعلمين المتقدمين للعمل في مجال التدريس،وأيضا في تقويم أداء المعلمين أثناء الخدمة.

المراجع

المراجع العربية

١- إبراهيم محمد الشافعي وآخرون، المنهج المدرسي من منظور جديد، الرياض، مكتبـة العبيكان، ١٩٩٦م.

٢- أحمد حسن اللقاني، المناهج بين النظرية والتطبيق،ط٤، القاهرة، عالم الكتب، ١٩٩٥م.

٣- احمد حسين اللقاني وعلى الجمل،معجم المصطلحات التربوية المعرفة في المناهج وطرق التدريس، القاهرة، عالم الكتب،٢٠٠م.

٤- الدمرداش عبد المجيد سرحان، المناهج المعاصرة، الكويت مكتبة الفلاح، ١٩٩٦م

٥- الطاهر احمد الزاوي،ترتيب القاموس المحيط،ط٣، المجلد الرابع، بيروت، دار الفكر.

٦- تاج السر عبد الله الشيخ وآخرون،القياس والتقويم التربوي، ط٥، الرياض، مكتبـة الرشد،٢٠٠٩م.

٧- تمام إسماعيل تمام وآخرون، المدخل إلى المناهج وطرق التدريس، الرياض، مكتبـة الرشد،٢٠١٠م.

٨- جابر عبد الحميد وآخرون، مهارات التدريس، القاهرة، دار النهضة العربية، ١٩٨٩م.

٩- جـودت احمد سعادة و عبد اللـه محمد إبـراهيم،المنهج المـدرسي المعاصر،عمان،الأردن،دار الفكر،٢٠٠٤م.

١٠- جورج هنري جرين، إعداد الدرس، سلسلة مكتبة المعلم، القاهرة، مطبعة لجنة التأليف والترجمة والنشر، ١٩٧٩م.

١١- حسن جعفر الخليفة، المنهج المدرسي المعاصر،ط٦، الرياض مكتبة الرشد،٢٠٠٥م.

١٢- حسن جعفر الخليفة، مدخل إلى المناهج وطرق التدريس، ط٢، الرياض،٢٠٠٧م.

١٣- حسن حسين زيتون، تصميم التدريس(رؤية منظومية)، القاهرة، عالم الكتب،١٩٩٩م.

١٤- حسن حسين زيتون، استراتيجيات التدريس(رؤية معاصرة لطرق التعليم والتعلم، القاهرة، عالم الكتب، ٢٠٠٣م.

١٥- حسن حسين زيتون، مهارات التدريس(رؤية في تنفيذ التدريس) ، ط٢،القاهرة،عالم الكتب،٢٠٠٤م.

١٦- خالد محمود عرفان،مقدمة في المناهج وطرق التدريس،الرياض، مكتبة الرشد،٢٠٠٨م.

١٧- رشيد النوري البكر ووليد إبراهيم المهوس ، المنهج – أسسه ومكوناته ، الطبعة الأولى،الرياض، مكتبة الرشد للنشر والتوزيع ،٢٠٠١م.

١٨- سعاد جعفر عمر، المدخل إلى علم المناهج والتدريس الفعال، الرياض، مكتبة الرشد،٢٠١٠م.

١٩- صبحية عبد الحميد الشافعي، طرق واستراتيجيات التدريس(تطبيقات في مجال الاقتصاد المنزلي)، الرياض، مكتبة الرشد،٢٠٠٩م.

٢٠- صلاح حسن خضر السيد،مقدمة في العلوم التربوية،الرياض، مكتبة الرشد،٢٠٠٣م.

٢١- عايش زيتون،أساليب تدريس العلوم،عمان(الأردن)، دار الشروق، ٢٠٠٤م.

٢٢- عبد الرحيم دفع السيد عبد الله،المناهج من منظور عام ومعاصر، ط١،الرياض، مكتبة الرشد،٢٠٠٦م.

٢٣- عبد اللطيف فؤاد إبراهيم،المناهج أسسها وتنظيماتها وتقويم أثرها،القاهرة، مكتبة مصر،١٩٨٧م.

٢٤- عبد الله عبد العزيز محمد الموسى،المنهج الخفي، (نشأته- مفهومه -فلسفته - مكوناته - تطبيقاته -مخاطره)، مجلة جامعة أم القرى للعلوم التربوية والاجتماعية والإنسانية،مكة المكرمة ١٤٣٠هـ.

٢٥- علاء إبراهيم زايد، علم المناهج(أسسه- مكوناته-تنظيماته)، الرياض،مكتبة الرشد،٢٠٠٦م.

٢٦- علي أحمد السيد وأحمد محمد سالم، التقويم في المنظومة التربوية، الرياض، مكتبة الرشد،٢٠٠٤م.

٢٧- كمال الدين محمد هاشم،التقويم التربوي(مفهومه-أساليبه،مجالاته- توجهاته الحديثة)،الرياض، مكتبة الرشد

٢٨- كوثر حسين كوجك ، اتجاهات حديثة في المناهج وطرق التدريس ، الطبعة الثانية،القاهرة،عالم الكتب للنشر والتوزيع والطباعة،١٩٩٧ م.

٢٩- ماهر إسماعيل صبري،المناهج ومنظومة التعليم، ط٢، الرياض، مكتبة الرشد،٢٠٠٨م.

٣٠- ماهر إسماعيل صبري ومحب محمود الرافعي،التقويم التربوي (أسسه وإجراءاته)،الرياض، مكتبة الرشد،٢٠٠٨م.

٣١- ماهر إسماعيل صبري،التدريس(مبادئه ومهاراته)،ط١، الرياض، مكتبة الرشد،٢٠٠٨م.

٣٢- محمد السيد علي، مصطلحات في المناهج وطرق التدريس، المنصورة، عامر للطباعة والنشر، ١١٩٨م.

٣٣- محمد زياد حمدان،تطوير المنهج مع استراتيجيات تدريسه وموارده التربوية المساعدة، الأردن، دار التربية الحديثة، ١٩٨٥م.

٣٤- محمد منير مرسي،. تاريخ التربية في الشرق والغرب . القاهرة : عالم الكتب،١٩٩٣م .

٣٥ - مندور عبد السلام فتح الله،أساسيات المنهج المعاصرة، ط٢، الرياض، مكتبة الرشد،٢٠٠٧م.

٣٦ - مندور عبد السلام فتح الله،المدخل البسيط في المناهج وطرق التدريس،ط١، الرياض، دار النشر الدولي، ٢٠٠٧م.

٣٧- مها محمد العجمي، المناهج الدراسية،(أسسها،مكوناتها،وتطبيقاتها التربوية)،ط٢،الرياض، مكتبة الملك فهد الوطنية ٢٠٠٥م.

٣٨- وزارة التربية والتعليم بالسعودية، ميثاق أخلاقيات مهنة التعليم (ط١)،١٤٢٦هـ.

٣٩-ولي الدين عبد الرحمن بن محمد (ابن خلدون)،مقدمة ابن خلدون، ج٣، دار ومكتبة الهلال .

٤٠- يس عبد الرحمن قنديل، التدريس وإعداد المعلم، ط٣،الرياض، دار النشر الدولي،٢٠٠٠م.

المراجع الأجنبية:

(41) Alkin, M. C., Product for Improving Educational Evaluation (UCLA Evaluation Comment), Vol. 2, No. 3, 1970 .

(42) Kuhs, T,et al, Put to The Test, Tools and Techniques for Classroom Assessment, New York, Helnemann, 2001.

(43) Mathews, D. K ,Measurement in physical Education, Sannder s Comp., London, 1978 .

(44) Nitako,A. Education Assessment of Student. New Jersey,Prentic hall,Inc,2001.

(45) Stanley Ahmann & Marvin, D.Glock, Evaluating Student Progress, Boston, Allyn and Bacan ,1981.

فهرس الموضوعات

T0148158

Printed in the United States
By Bookmasters